百部青少年爱国主义教育读本

军·旗·飘·飘·系·列

东北抗日联军的故事

杨江华◎主编

CTS
湖南科学技术出版社

图书在版编目（CIP）数据

东北抗日联军的故事 / 杨江华主编.—长沙：湖南科学技术出版社，2012.12（2021.9重印）

（百部青少年爱国主义教育读本）

ISBN 978-7-5357-7476-7

Ⅰ.①东… Ⅱ.①杨… Ⅲ.①爱国主义教育－中国－青年读物②爱国主义教育－中国－少年读物 Ⅳ.①D647-49

中国版本图书馆 CIP 数据核字（2012）第 254800 号

百部青少年爱国主义教育读本

东北抗日联军的故事

主　　编：杨江华
责任编辑：程立伟　李文瑶
出　　版：湖南科学技术出版社
社　　址：长沙市湘雅路 276 号
http：//www.hnstp.com
邮购联系：本社直销科　0731-84375808
印　　刷：三河市信达兴印刷有限公司
（印装质量问题请直接与本厂联系）
厂　　址：三河市杨庄镇大窝头村西
邮　　编：065200
出版日期：2012 年 12 月第 1 版第 1 次　2021年9月第2次印刷
开　　本：710mm×1000mm　1/16
印　　张：11
字　　数：140000
书　　号：ISBN 978-7-5357-7476-7
定　　价：36.00元

写在“百部青少年爱国主义教育读本”书前

中国人民大学中共党史系主任、博士生导师
中国中共党史人物研究会副会长
杨凤城

十年树木，百年树人。

对青少年进行爱国主义教育需要从长计议。今天的信息技术还在高速发展中，传播速度极为惊人，世界范围内的各种思想文化在人们的精神世界中相互激荡碰撞。弘扬和培育以爱国主义为核心的民族精神，是国民教育的重要任务，务必在精神文明建设过程中一以贯之，不容忽视，更不得有一丝松懈。

大处着眼，一个民族的精神必须适应时代发展的潮流，跟得上历史进程的趋势。小处着手，爱国主义教育尤其是对青少年的爱国主义教育工作，务必落实下来，落到实处，并且需要一个饶有兴味的形式呈现出来。惟其如此，爱国主义的精神气脉才能入乎眼耳，存乎心胸，真正成为个体生命的一部分。

中国人民百年来反对外来侵略和压迫，反抗腐朽统治，争取民族独立和解放，前赴后继，浴血奋斗的精神和业绩，可谓感天动地；中国共产党领导全国人民为建立新中国而英勇奋斗的崇高精神和光辉业绩，可与日月同辉。中国历史上尤其是中国近现代史上涌现出的著名爱国者、民族英雄、革命先烈和杰出人物，以及新中国成立以后涌现出的许许多多的英雄模范人物，他们是青少年爱国主义教育中最新鲜、最活泼、最具说服力的素材。

因此，对青少年推进行之有效的爱国主义教育，要突出和加强中国近现代史，尤其是中国共产党诞生之后的革命主题和红色主旋律的宣传。

“百部青少年爱国主义教育读本”系列丛书，以“弘扬红色主旋律”、“结合现实问题”为原则进行编写，紧紧围绕爱国主义教育的核心价值体系——爱党、爱祖国、爱社会主义，从历史到现实，从物质文明到精神文明，从自然风光到物产资源，对最广大的青少年进行丰富多彩、生动活泼的爱国主义教育，可谓正当其时，难能可贵。

眼前的系列读本，不禁让人眼前一亮，心生喜悦。编著者极力求其“真”——尊重史实的前提下，用生动活泼的语言讲述一个个真实可感的故事；尽力得其“趣”——饱含深情的语句让人物、事件在书中“活”了起来，“动”了起来，革命前辈的精神气息、信念品格扑面而来，感染着我们，感动着我们；竭力求其“美”——体例结构精心设计，又有大量珍贵历史图片资料作为辅助，更符合青少年的阅读习惯。一项项尽心尽力的创意和编辑工作，充分保证了这一系列读本的阅读价值。

寄望能通过快乐的阅读、有效的阅读，让孩子们的心灵之镜更明亮，让年轻一代的精神家园更加美好！

是为序。

2012 年 9 月 26 日

目 录

Contents >>>

第一章

艰难抗日的东北

东北地区面积130万平方公里，相当于日本本土面积的3倍多。它北邻苏联，东邻朝鲜，西接蒙古，南隔渤海与山东相望。东北山脉环绕，树木葱郁；河流纵横，水势和缓，水产丰盛；土壤肥沃，农牧业发达，矿藏极为丰富。

日本帝国主义认为，如果自己拥有东北三省，日军将获得一个军事物资补给源头和战略物资中转站。然后以东北为跳板向北可以对抗苏联，向东可以更好地控制朝鲜，向南可以攻占山海关发动全面侵华战争。

“匹夫无罪，怀璧其罪”，日本对东北富饶的资源和重要的战略意义的贪婪野心，使他们开始将黑手伸向东北三省。

拿起武器，抗击侵略

1927年，日本田中内阁在东京召开东方会议，制定了侵略中国的总方针。会议的中心议题是制定“对华政策的根本方针”。会议确定以将“满蒙”从中国分离出去为根本方针的日本国策，并公开发表了一份《对华政策纲领》。这份文件措辞含蓄隐晦，但其基本内容与精神实

代奏積極政策函

惟欲征服支那，必
服滿蒙，如欲征服世界，必先征服支那
支那完全可被我國征服，其他如小中亞
及印度南洋等，異服之民族，必畏我敬
降於我，使世界知東亞爲我國之東亞，
敢向我侵犯。

◎日本田中(右三)内阁在东京召开东方会议，制定侵华政策

◎大连档案局收存的《田中奏折》

质则是“征服满蒙侵略中国”。

同年7月25日，田中义一向日本天皇呈奏了题为《帝国对满蒙之积极根本政策》的秘密文件，即《田中奏折》。全文6706字，分5大章节和1个附件，从军事行动、经济、铁路、金融、机构设置等方方面面，对侵略行动作了详细的安排部署，字字句句无不彰显日本帝国主义武力侵吞中国及整个亚洲的狼子野心。《田中奏折》清晰地勾画出日本帝国主义推行的“大陆扩张政策”的总路线图。

1931年9月18日，日本帝国主义按其武力侵占中国东北的既定方针，发动了九一八事变。当天夜里10时左右，日本关东军岛本大队川岛中队的河本末守中尉，以巡视铁路为名，率领部下数名，向柳条沟(湖)方向走去。河本末守从侧面观察东北军北大营兵营，找寻一个距北大营约八百米的地点，而后亲自把骑兵用的小型炸药装置在铁轨旁，点火。10点钟刚过，轰然一声爆炸，被炸断的铁轨和枕木向四处飞散。

日本关东军一手炮制了“柳条湖”事件，却在事后反诬是中国军队所为。随后，日本关东军参谋长板垣征四郎按照既定的军事部署，派兵攻打驻沈阳北大营的中国东北边防军第七旅，挑起侵略战火。蒋介石曾于8月16日致电张学良：“无论日本军队此后如何在东北寻

◎九一八事变前，日本诬蔑我军所杀的两个日本人

衅，我方应予不抵抗，力避冲突。”北大营的中国军队受“不准抵抗”命令的束缚，不予还击，被动挨打，伤亡很大，忍痛撤离营地。次日上午10时，日军占领沈阳城。

这就是震惊中外的九一八事变。

九一八事变激起了全国人民的抗日怒潮。各地人民纷纷要求抗日，反对国民党政府的不抵抗政策。在中国共产党的号召下，悲愤交加的东北人民，掀起了波澜壮阔的抗日斗争。

天下兴亡，匹夫有责。东北人民自发地组织起抗日队伍。不愿做奴隶的中华儿女，在国难当头的时刻，纷纷拿起武器，跃马持枪，杀

◎1931年9月18日，日军炮轰中国东北军驻地北大营

上战场。这里有三五十人结成的零散队伍，也有六七个人搭帮的“绿林好汉”。他们没有组建军队的经验，只是一心抗日，便像土匪那样给自己的队伍起了各种各样的名号。例如，廉品一的部队称号“阎王”、祁明山给自己的部队起名“明山”，还有一些部队的称号是“老来好”、“老来红”、“石中洋”、“助国”、“好友”……其中，人数最多的是以黑金河金矿经理宋竹梅为首，由广大穷苦老百姓组织起来的“红枪会”。他们用锄头、铁锹、镰刀等一些随手就可以拿到的武器，凭着朴素的民族感情，用封建迷信的办法，吃符、念咒，高呼口号，奋勇杀敌。

东北人民纷纷拿起刀枪，奋起抵抗日本侵略者，先后出现的东北义勇军和各种抗日武装，与入侵的敌人展开了殊死的斗争。东北抗日义勇军的身影，几乎遍及全东北境内，人数最多时曾达 50 多万人。东北抗日义勇军的抗日活动，有力地打击了日本帝国主义的侵略，激发了全国人民的抗日斗志，并且在全世界人民面前揭穿了日本帝国主义伪造民意、树立伪满傀儡政权的阴谋。

东北抗日义勇军当时有各阶层各民族的民众参与。有东北三省当时的正规部队，如马占山部，丁超、李杜部，冯占海部和王德林部等，这些都是当时张学良的东北军中的部队。同时，也包括普通的工人、知识分子、占山为王的爱国土匪和地主武装。

最先抗日的是当时黑龙江省代理主席马占山将军。他带领两万多人的部队，进行了江桥和三间房抗战，几度重挫日军。

1932 年 1 月 9 日，刘纯启部在锦西县附近同当地的抗日群众伏击了日军骑兵团，歼灭日军 50 多名。其中关东军中号称不可战胜的古贺联队也被东北抗日义勇军击败。1932 年初，王德林率领吉林国民救国军三次攻打敦化城，缴获大批武器，消灭数百日军。

东北抗日义勇军在抗战期间，曾经受到全国人民的热情支持和援助。全国报纸刊物以大量的篇幅报道了他们的抗战事迹，国内外各阶

◎抗日英雄马占山（1885年11月30日~1950年11月29日）字秀芳，汉族，祖籍河北省丰润县

层人民源源不断地捐助大批的物资和款项。东北当地人民更为支持义勇军抗战作出了不可磨灭的贡献。

1931年12月15日，日军大举进攻哈尔滨。哈尔滨保卫战就此拉开序幕。期间，哈市市民协助守军建筑巷战工事，捐助军用物资。此外，苏炳文在海满宣布抗日，札赉诺尔矿工立即自动捐献工资，以助军饷；满洲里召开市民大会，附近各县和各蒙旗代表在海拉尔举行会议，表示支持。各地农民、工人和青年学生参加各部义勇军，直接拿起武器抗击敌寇的，更难以胜数。

东北抗日义勇军牵制了大量日军。虽然这一斗争仅坚持了两年多的时间就瓦解了，但打击了日本侵略者，揭开了东北抗日战争的帷幕。

东北沦陷期间，东北抗日义勇军风起云涌。在装备和武器、训练差别很大的情况下，不顾一切，揭竿而起，以血肉之躯和敌人相拼，他们的武装斗争，给日寇以沉重的打击。东北抗日义勇军，是为保卫民族独立而战的民众抗日武装。它发扬了中华民族不屈不挠的斗争精神，激发了全国人民的爱国热情，有力地打击了日本帝国主义的侵略气焰，大量歼灭了敌人的有生力量。他们用血和肉写成的光荣历史，表现了中华民族的正气和爱国精神。

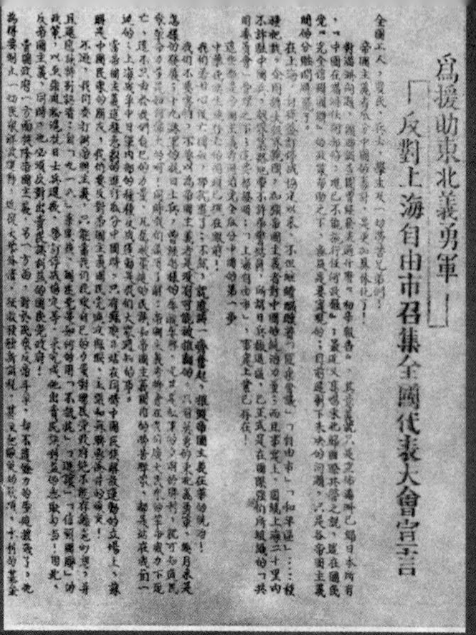
為援助東北義勇軍「反對上海自由市」召集全國代表大會宣言

◎1932年6月，江苏人民印发的《为援助东北义勇军反对上海自由市召集全国代表大会宣言》

中共党组织领导东北抗日

国破山河碎，同胞在流血。九一八事变到1933年初，一支支义勇军相继出现，活跃在白山黑水之间。在东北三省广阔的土地上，到处是义勇军抗日的枪声和马蹄声。虽然他们在一些战场上取得了胜利，鼓舞了人民的斗志，但领导人大多是东北军旧部的军官，而且派别繁多，意见分歧较大，互相猜疑，带领的部队人员成分复杂，纪律松弛，战斗力不足，经常发生扰民现象，加上日军的残酷讨伐，仅持续年余就在敌军全面进攻、各个击破的压力之下，土崩瓦解，烟消云散。

事实证明，东北军旧部的军官担负不起领导群众进行抗日斗争的重任，但东北义勇军运动在中华民族解放斗争史上仍有其重要意义。它是一次大规模的民众自发抵抗运动，揭开了东北抗日游击战争的序幕，给日本侵略者的沉重打击，延缓了日军占领东北及扩大侵华战争的进程，它所体现的各阶层人民共同抗敌的爱国主义精神，对东北和全国抗日救亡运动的发展，有着深远的影响。

中国共产党代表中华民族的最根本利益。在1933年1月26日，中

◎日本侵略军屠杀东北抗日义勇军战士

共中央发出了“给满洲各级党部及全体党员的信”（简称“一·二六指示信”）。信中分析了东北各种抗日武装的性质和前途，认为东北的抗日游击战争是群众性的斗争，包括了四种武装力量。其中，党领导的游击队被认为“是一切游击队伍中最先进最革命最大战斗力的队伍”，因为它有可能把千百万群众团结在自己的周围，与日本帝国主义展开斗争，并取得最后的胜利。指示信的中心内容是要求在东北实行抗日民族统一战线，“尽可能的造成全民族的反帝统一战线，来聚集和联合一切可能的，虽然是不可靠的动摇的力量，与共同的敌人——日本帝国主义及其走狗斗争。”同时，要保证无产阶级在统一战线中的领导权。指示信对团结各阶级、各族人民，联合各种抗日力量都提出了具体办法，对争取伪满士兵和侨居东北的日本工人也予以应有的重视。

“一·二六指示信”提出的建立反日武装统一战线的策略，符合东北实际情况，东北各地党组织根据“一·二六指示信”的策略方针，停止了在东北实行土地革命的政策，将建立苏维埃政权、红军游击队，改为建立抗日人民政府和人民革命军。这一决定，意味着东北的反日游击队组织将向反日武装统一战线方向发展，标志着抗日武装的统一化、正规化、序列化的开始和游击战争的新开端。

在中国共产党领导下，以游击队为骨干的抗日民族统一战线逐渐形成。各族人民踊跃参加游击队，遗散的自发抗日武装余部或纷纷加入游击队，或集合在游击队周围，接受统一指挥。东北抗日游击战争又向新的高潮发展。

按照“一·二六指示信”和中共满洲省委决议的要求，从 1933 年 5 月到 1936 年 1 月，东北人民革命军各军在组建过程中和组建之后，在中共满洲省委的领导下，进行了艰苦细致的工作，争取并团结了各种抗日武装队伍共同抗日。人民革命军的英勇善战和对抗日救国事业的忠诚，感召了各种抗日队伍纷纷向人民革命军靠拢。东北人民革命军在抗日游击队的基础上相继建立起来，共 6 个军，总人数达 1 万余人。他们顽强斗争，英勇杀敌，纵横驰骋于东北各地，成为抗日武装的中坚力量。各地联合军指挥部、总司令部和同盟军的建立，标志着以人民革命军为中心的联合各种抗日武装力量的反日统一战线已初步形成。

东北人民革命军的成立、反日统一战线的形成、抗日游击战争的发展，沉重地打击了日本侵略者。在两年多的时间里，人民革命军各部由于执行反日统一战线的方针，实行符合实际的游击战争的战略战术，在艰苦的环境中英勇奋战，粉碎了日伪军的多次“讨伐”，发展壮大了自己的队伍，并扩大了游击根据地，开辟了新的游击区，使东北抗日游击战争呈现出蓬勃发展的好局面。

东北抗日联军建立

根据华北事变以来民族危机加深的形势和共产国际七大的精神，1935 年 8 月 1 日，中共驻共产国际代表团以中国共产党中央委员会和中华苏维埃共和国中央政府的名义起草了《为抗日救国告全体同胞书》(即《八一宣言》)。“宣言”指出：“我国家我民族已处在千钧一发的生死关头。抗日则生，不抗日则死：抗日救国，已成为每个同胞的神圣天职!”“宣言”呼吁：无论各党派间过去和现在有任何政见和利害的不同，无论各界同胞间有任何意见上或利益上的差异，无论各军队间过去和现在有任何敌对行动，都应停止内战，抗日救国。“宣言”号召全国各族同胞，组织统一的国防政府和抗日联军，“有钱的出钱，有枪的出枪，有粮的出粮，有力的出力，有专门技能的贡献专门技能”，以战胜日本帝国主义，收复失地。“宣言”突出了民族矛盾，重申全中国人民团结起来，一致抗日的主张。同年10月，中央红军长征到达陕北。“八一宣言”的发表和红军长征的胜利，极大地鼓舞了全国人民的抗日斗志，推动了抗日救国运动的蓬勃发展。

身处抗日游击战争前线的东北人民和东北人民革命军指战员更受到莫大鼓舞。在中国共产党东北各地党组织的领导下，1935年冬，东北人民革命军各部开始着手组建东北抗日联军。1936年2月20日，东北抗日联军发表了《东北抗日联军统一军队建制宣言》，“宣言”为进一步巩固抗日军队的组织，统一抗日军队的行动，改革抗日军队的建制，废除抗日军一切不同的名称，将人民革命军、反日联合军、反日游击队一律改为抗日联军、抗日游击队。从1936年2月开始至1937年12月，东北抗日军队第一次统一称谓——东北抗日联军。东北抗日联军形成了11个抗日联军，共21100人。

1936年，东北抗日联军第一军成立之后，在杨靖宇的领导下开始了西征计划。7月15日，东北抗日联军第一军第一师师司令部和保卫连在西征回师途中，于本溪县摩天岭大榆树沟伏击跟踪追击的驻连山关日军守备队二中队，击毙中队长今田大尉及以下30多名日军，缴获大量军用物资。

1932年，赵尚志来到东北地区参加义勇军抗日组织，经过一年的摸索于1933年10月10日在珠河县三股流建立了珠河东北反日游击队。虽然这支游击队只有13个人，经过不断地吸收其他抗日武装力

東北抗日聯軍統一軍隊建制宣言

◎图为《东北抗日联军统一军队建制宣言》原稿

量，整编已有队伍，于1936年发展成为东北抗日联军第三军，全军达到6000人，赵尚志任军长。

1936年1月，中共驻共产国际代表团向中共满洲省委传达了关于撤销满洲省委，建立吉东、松江、东满、南满等四个省委和哈尔滨特委的指示。同年6月18日，中共满洲省委的工作全部结束。在这期间，东北地区相继成立了中共东南满、吉东和北满省委。为适应抗日游击战争的发展需要，东北抗日联军各军按照其活动区域，先后组成3个路军，划分为新成立的各省委领导。

1936年，东北抗日联军第一军面对的敌情越来越严重，在27000日伪军的围剿之下，杨靖宇决定开始西征。为了要和热河方面之抗日军打通联络，为了避免东北抗联与国内总抗战隔绝的现象，同年7月，第一、第二军合编为东北抗日联军第一路军，杨靖宇任总司令兼政治委员。

抗联第二路军，于1936年由抗联第四、五、七、八四个军合编而组成，周保中担任总指挥兼政治委员。抗联第二路军主要在吉林北部一带活动，担负的主要任务是坚持在吉林省东北部山区开展抗日斗争。自从改编后，一直到抗日战争结束，第二路军在此地进行大小规模的游击战斗从没有停止过。期间，第二路军曾举行了越过西老爷岭的远征。他们的一部分在五常、舒兰一带，进行了长达几年的抗日斗争。

◎图为东北抗日联军一军西征会议遗址

1939年初，为了更好地开展黑龙江抗日游击战争，中国北满省委决定将抗联第三、六、九、十一军改编并组成抗联第三路军。由鼎鼎大名的张寿篯将军任总指挥，坚持着该省艰巨的抗战。

1936年至1937年，是东北抗日联军迅速发展的年代。东北抗日联各军在白山黑水之间所进行的大规模的游击战争，牵制了日伪军近40万，对伪满洲统治产生严重威胁。

为抗日战争的胜利作出贡献

抗日战争全面爆发后，日本为巩固其侵华战争的后方基地，调集八个师团和数万伪满军、警察部队，采用“部落集团”与“三光政策”（烧光、杀光、抢光），对抗日联军发动了疯狂的进攻。抗联在极其艰难的条件下，顽强战斗，战绩卓著，但自身损失也甚为惨重。从1941年起，东北抗联陆续转入苏联境内，进入整训时期。

1942年8月1日，东北抗日联军在苏联正式组成东北抗日联军教导旅，周保中任旅长，张寿篯（李兆麟）任政治副旅长，崔石泉（崔庸健，朝鲜国籍）任参谋长。下辖4个教导营、2个直属连。同年9月

13日，在原东南满、吉东、北满等党组织基础上，成立了统一的中共东北党组织特别支部局执行委员会，并千方百计与中共中央取得联系、听候指示；百般设法寻找中共中央文件和毛泽东、朱德、周恩来等同志的著作；如饥似渴地学习和领会党中央的指导思想、方针和政策，按照正规军建设的要求和战时需要，结合东北抗日游击战争的实际，在苏军的帮助下，对指战员进行系统的现代化军事训练，包括爆破、空降、滑雪、通信等特殊技能的训练，为最后胜利进军东北，光复国土奠定了基础。

1944年，在中国抗日战争敌后战场上，八路军和新四军开始进行局部反攻。到1945年上半年，已将日本侵略军围困于华北、山东、苏北、苏南等几个大中城市和交通沿线的狭小地带，冀热辽区的部队挺进到热河作战。

1945年5月8日，德国法西斯投降，日本帝国主义更加孤立。1945年8月8日，苏联正式对日宣战，并派出远东军进入东北战场。在苏联整训的东北教导旅空降人员和在东北各地坚持游击战争的部队，以及执行侦察任务的部队、抗联地下工作干部组织的军队，积极配合苏军作战，打击日本侵略军。

1945年8月8日苏联对日宣战后，抗日联军配合苏军大举反攻，迅速占领了长春、哈尔滨、沈阳、吉林、佳木斯等70余座大中城市和县镇，并在苏军配合下，摧毁敌伪势力，积极维护社会秩序。保卫抗战胜利果实，接应八路军、新四军部队挺进东北，建立巩固的东北根据地。

1945年11月3日，中共中央决定将东北抗日联军与挺进东北的八路军、新四军合并为东北人民自治军，抗联名将周保中担任副总司令。1946年改称东北民主联军。至此，东北抗日联军胜利地完成了它的历史使命，进入新的历史时期。

第二章

战斗在白山黑水之间

东北抗日联军是在中国共产党领导下的一支英雄武装。“九一八”日本侵占东北后，由原部分东北军、农民暴动武装、义勇军等组成的东北抗日联军，在中国共产党的领导下，同日本侵略者进行了长达14年的艰苦斗争，表现了中华民族不畏强暴，英勇不屈的精神，有力地支援了全国的抗日战争和世界反法西斯战争。

据黑龙江省抗日战争研究会统计，东北抗日联军对日作战次数约10余万次。据日伪统计机关统计：1935年39105次，1936年3617次，1938年13110次，1939年6547次，1940年3667次。日伪军伤亡人数，据抗联第二路军总指挥周保中将军推算：1931年到1937年之间，抗联歼敌约103500人，1937年到1945年歼敌约82700人。

东北抗日联军的主要战术是避强攻弱，乘隙捣虚，以求打击敌人，发展自己，或让避强敌，保存自己。主要的战术行动：伏击、夜袭、阻击、急袭。

镜泊湖游击战

1932 年 3 月中旬，日本关东军修建的吉东铁路经常遭到破坏，守卫的日伪军也常常遭到“中国国民救国军”的攻击。随后，日本关东军向吉东地区增派部队，围剿救国军。关东军独立守备队森连中将集结独立守备队步兵第六大队和部分伪满军，向长白山镜泊湖地区移动，围剿救国军。同时，命令第二师团长多门二郎指挥下的日军天野旅团占领海林和宁安，向南进攻镜泊湖地区，企图一举歼灭救国军的主力部队。

救国军于 3 月 15 日由总指挥王德林亲自主持召开军事会议，拟定反攻日军大规模进攻的作战方案。以中共党员李延禄为团长的补充团首先召开党员会议，确定了迎敌的策略。经过认真的比较分析，大家一致认为应在牡丹江边一处俗称“墙缝”的地带伏击日军。在很早的时候这里就是一条通商道路，是从敦化通向宁安的咽喉要道。这条路依山傍水，一侧临江，一侧是巨石叠起的山崖，江边的大道就是日军可能经过的地方，只要敌人进入这条大道，救国军在山崖两端堵住路口，不论多少敌人也无路可逃。但是这里出现了唯一的问题，如果敌人绕

◎被东北抗日联军炸毁的火车

◎镜泊湖战役的抗日事迹，在这里歌颂和铭记

远路走其他的线路，这个计划将会落空。爱国人士陈文起说，由他去把日军引到伏击阵地里。陈文起是镜泊湖一带有名的猎人，对周围的环境十分地熟悉，他听说救国军要在这里打日寇，便积极帮助部队探听日军消息。

17 日晚上，陈文起在家中休息，突然日军占领了村子。日军看到他身材魁梧，并且在他家中还发现了枪支，日军把他绑起来并用刺刀顶着他，问道："你是做什么的？土匪？"

陈文起说："我是一个打猎的，不是土匪。"

日军长官问："前面有土匪吗？你对这一带熟悉吗？"

陈文起感觉他们好像需要一个向导，正好可以将他们带进救国军准备好的伏击圈里，说："没有土匪，我从小就生活在这里，常常出来打猎，这一带我非常熟悉。"

日本军官亲手为陈文起松绑，口中问道："你对于这一带这么熟悉，就在前面带路，前面要是有土匪，就是你的死期，没有土匪，你就是我们大日本帝国最忠诚的良民。明白？"

陈文起笑着说："明白，太君你就放心吧！"

日军连夜出发，陈文起走在日军队伍的最前面。

18日清晨，陈文起带着日军向救国军准备好的伏击圈走去。李延禄得到村民的报告，在半夜就已经带领全团来到旁边的山崖上做好了伏击准备。远处传来汽车的轰鸣声，李延禄在山上看着敌人慢慢地走进伏击阵地中，忽然李延禄一声枪响，700人一起冲向猝不及防的敌人，顷刻间爆炸声响彻整个道路，公路上是一片鬼哭狼嚎之声。此时的日军如同丧家之犬，到处乱窜，后续部队不知道前面发生什么情况，不敢前进，只是向周围打了几发炮弹。日军被打得溃不成军。

陈文起将日军带进伏击圈后，战斗初起，他乘敌人混乱之时逃出敌军，跑上山崖。逃到山顶的陈文起这时扭头准备再次参加战斗。他跳出隐蔽地点拾起日军抛下的武器，这时退败下来的一股日军向他围了过来，将他抓起来，让他带路的那个日军军官认出了他："是你，你是故意带皇军来到这里的！"

陈文起自知没有活命的机会，毫不畏惧地说："老子早就想杀了你们，是我故意带你们到救国军的面前的！"日军将他带走，押到一间房中。日军为了泄愤，把陈文起吊在房梁上打，但是陈文起毫不屈服，对日军骂不绝口。一个残暴的鬼子手持军刀，在陈文起身上捅了一百多刀，将他的胸膛挑开，陈文起壮烈殉国！

到下午2点，日军派来飞机对救国军阵地疯狂扫射，被围困的日军才有机会掉头突围。李延禄派人打扫战场，找到了被日军埋藏完好的200多支枪。这次"墙缝"伏击战，救国军大胜，击毙日军大尉以下120余名，200多日军负伤，缴获辎重车25辆、给养车17辆。救国军阵亡连长以下军官3名、士兵4名，9名负伤。

这次伏击战狠狠地打击了日本侵略军的嚣张气焰，同时提高了救国军的声誉，使得更多的爱国人士参加救国军。

八道河子血战

八道河子位于黑龙江省东南部的宁安县城外群山之中，只有西面有一大道通向宁安，地势险要，易守难攻。全屯三四百户人家，大部分是朝鲜族贫苦农民。1933 年 2 月下旬，李延禄率领的抗日救国军来到八道河子后，纪律严明，并且保护群众利益，受到群众的拥护和爱戴，全屯居民自愿腾出大部分住房给部队居住。救国军就在这里开始筹集给养。两个星期后，部队的行踪被日军获悉。

3 月 1 日早晨，日伪军四五百人，携六门大炮，前来八道河子讨伐。由于李延禄事先获得情报，做好了迎敌准备。他把二团和三团分别布置在进屯的唯一道路的两侧山头，等敌军进入一半时冲出来拦腰截断，同时还派遣一个营在中路防守，正面阻击敌军，冯守臣骑兵营为机动部队。

早上 6 点半，日伪军前锋进至沟口，战斗打响。日军在遭到左右山头的猛烈攻击，不再向屯里移动，而是凭借着自己的武器优势，对救国军的山头阵地轮番炮击。日军用一部分兵力牵制二团，集中火力

◎李延禄（左二）和他的部下在东北抗日联军第四军司令部合影

攻打三团。日军在数挺机枪掩护下，冲到救国军阵地附近，将手雷扔进战壕。三团团长史忠恒正在包扎伤口，被扔进来的手雷炸伤了三处。史忠恒用小刀挖出胸口的子弹，用布条绑住止住血，不顾伤痛，手持双枪，带头冲向日军。战士们闻声跳出战壕，跟随团长一起冲下山去，同日军展开肉搏，再一次挫败了敌军的冲锋，使其纷纷退回沟底。后来，由于救国军的弹药消耗殆尽，只能放弃这里的阵地，撤到后山。

中午时分，日军占领了八道河子，立即在屯子里大肆烧杀。全屯上空浓烟滚滚，所有房屋被都烧着，很多无辜群众不是被烧死，就是被日寇的刺刀杀死。逃上山的群众，向战士们哭诉着敌人惨无人道的暴行，群情激愤，挥舞着手中的斧头、棍棒，请求游击队与他们一起下山杀敌。战士们也是满腔的怒火，手中的枪里已经没有了子弹，仍然要求下山同日军拼刺刀。这时李延禄答应了战士们的要求，组织了一支精干的突击队，将所有的子弹都集中起来，交给突击队员，并且所有突击队员都上好刺刀。突击队员借着树林掩护，突然杀入屯中，日军看见突击队员拿着刺刀和一群两眼通红的村民一起冲了过来，顿时大乱，慌忙招架，一个日军军官当场被乱刀刺死。日军被突击队和村民分割成一小群一小群的，然后被刺刀、斧头、木棒纷纷剿灭。八道河子血战，日伪军在屯里留下了二百多具尸体。这场战斗救国军只有徐副官等 3 人牺牲，六人负伤。

八道河子战斗后，屯里成立了苏维埃和赤卫队，救国游击队影响进一步扩大，周围的抗日山林队伍和当地的青年纷纷前来参军。

三打宁安城

宁安在当时是一个重要城镇，位于吉东重镇牡丹江南边不到 50 公里，图们至佳木斯铁路南侧，距铁路线只有 2000 米，是日寇统治吉东

◎战壕中的东北义勇军　◎1932年的东北义勇军

及兴凯湖以南的中心据点之一，驻有日本重兵，防守严密。

1932年7月下旬，一天夜晚，周保中和吴义成率领救国军开始向宁安方向运动。宁安城中的日军不知道怎么获取了这个重要的情报，牡丹江日军急忙派出1000多人前来支援。

周保中和吴义成已经走到了宁安城下，才得到牡丹江派遣部队增援宁安城。面对这种突发情况，周保中果断地修改战斗计划，由吴义成率部佯攻宁安，自己这边围点打援，先消灭增援来的日军部队。周保中带领600人快速赶往城北的一个山口，伏击敌人援军。吴义成同意这个计划，但是不愿意将攻打宁安改变为佯攻。周保中率部走之后，吴义成就开始在宁安城外部署部队，并且开始攻城战斗。

周保中带领六百人急速地赶到城北设下伏击圈，在两端谷口放置两挺机枪堵住，600多人分布在山谷两侧，等待日军进入山谷。

日军被抗日游击队伏击过几次后，警惕性大大增强，在日军主力进入山谷之前，先派出几个人的小队架着机枪对着山谷上面进行扫射。救国军的战士心里犯嘀咕："是不是日军已经知道我们在这里设伏了？"

周保中经过观察之后发现这只是日军的计谋，对身边的传令官说："传我命令，这是敌人试探性的射击，大家注意隐蔽自己，等他们全部进入山谷后再开枪。"

山顶上有几个战士被这几个日军胡乱射击给打伤了，战士们并没有回击一枪，受伤的战士只是悄悄地退下来，让卫生员包扎一下，拿起枪重新爬在山顶等待军长的命令。

日军主力听到枪声响了一阵，没什么其他动静，就放心地走了进来。周保中在等着敌人全部进入山谷后，大喊一声："开火！"山谷里枪声四起，最后逃出抗日救国军包围圈的敌人不超过十分之一。

这时周保中感觉，这些鬼子不像是牡丹江方向的日军，叫来侦察兵："去看看，是不是还有其他的日军增援过来！"不一会儿，侦察兵回来报告说，这批日军是驻守中东路海林车站的日军，他们是听到宁安城的枪声紧急出动增援过来的。

被打退的日军刚好帮了周保中一个大忙。他们的撤退，刚好同牡丹江增援的日军相遇，并告诉牡丹江日军前面山谷有大量救国军埋伏，使得牡丹江日军停止前进，向指挥部要求炮兵增援。周保中利用这段时间，快速率领部队与吴义成的部队，攻取宁安城。经过一个上午的强攻，没能攻破城门。侦察兵来报，牡丹江日军得到炮兵的增援，火速向宁安城逼近。周保中建议全军撤退，避免被日军前后夹击。这一次攻打宁安成，虽然没有破城，但是歼灭日军 200 多人。

10 月，救国军决定再次攻打宁安，任命周保中为攻城总指挥。周保中决定在 10 月 10 日攻打宁安。

周保中组织了救国军 1000 余人、地方抗日游击队"西北八大队"1000 余人，由东向西渡过未封冻的牡丹江，对宁安城发起突袭。下午，部队在距离宁安城东南 30 多里的山林中，检查队伍时，红枪会的首领王汝起向周保中请求，要求红枪会做突击队打头阵。

周保中曾劝说王汝起取下红头巾，穿上军服，可王汝起却说："我们红枪会的人是作过法的，刀枪不入，要是取下红头巾，这些符咒就不灵了。"

周保中听到王汝起的话，对他说："战场上打仗可不是逢场作法，要注意隐蔽自己，才能打好突袭战，消灭敌人。"王汝起没有说话，像是没听到一样。周保中明白，越落后的意识越顽固，不是几句话能够转变过来的。

攻城战斗在午夜 11 点打响，此时已经入冬，江水寒冷刺骨，抗日勇士们依旧争先恐后地向江水里走去。在部队刚渡到江的中心时，被日军哨兵发现，日军的机枪、步枪呼啸着响起，子弹就如同暴雨一样射向江面，江面上还不时出现炮弹落在江里的水花。王汝起带领的红枪会勇猛无比，个个身背大刀，直接扑向对岸。王汝起在那里高声喊着："大家冲啊，我们刀枪不入，我们有神明保护，冲过去，杀光这群鬼子！"

周保中看到这样的情况，命令所有的机枪掩护红枪会的人渡江。同时调动一个排的兵力，从省第四中学下面 100 米的柳林里上岸，攻击敌人的后背。

黎明时分宁安城被攻破，守城的日伪军四散着向城外逃去。救国军冲进了城里，缴获大量武器弹药和军用物资。然而，没有预料到的是"西北八大队"进城之后，开始抢劫，到处乱跑，没有按原定计划打击敌军。退败出城的日军趁此机会，向城内反扑，此时牡丹江的日军增援部队也进攻过来。周保中命令救国军组织火力掩护战士们带着战利品向城外撤退，自己指挥着"西北八大队"反击日军。王汝起率领红枪会员，向日军反扑过去。就在这时，一发子弹击中了周保中左腿，鲜血直流。他只觉得腿脚有点麻木无力站不住，勤务兵急忙跑过来搀扶他，他一把将勤务兵推开，紧咬牙关，一声不吭，坚持指挥作战。

天快亮了，战斗还是处于一个胶着的状态。这个时候越拖对救国军就越不利，周保中果断下达撤退命令。当部队与敌人脱离接触后，退到一片树林里，周保中直接坐到地上，感觉自己的左腿已经行走困难，让人喊来"军医"，准备动手术拿出左腿里面的子弹。可是，这个军医没有做过手术，当时也没有什么医疗器械和麻醉药。杀敌如同猛虎的王汝起不知道从什么地方找来一只修车用的钳子，来帮周保中拔出那颗弹头。军医看着周保中那条满是鲜血的腿和王汝起手中的大钳子，吓得不停地哆嗦起来，颤颤抖抖地说："这样做会痛死人的。"周保中大声地笑道："刚才子弹打进去都没有死人，现在拔出来怎么会死人呢！想当年关云长刮骨疗毒，现在我只不过是取出一颗小小的弹头。王汝起，你来给我取出子弹，这个医生等会给我包扎就行了。"

周保中转过脸，点上一支烟说："动手吧！"

子弹拔出来后，周保中让人拿来一把刺刀，要军医用开水煮煮，然后让把身上的烂肉刮下来。那个军医哆哆嗦嗦，比划了半天，不敢下手。周保中对着旁边的王汝起说："还是你来吧！"

王汝起接过刺刀，看了周保中一眼，蹲下来就开始给周保中刮伤口上的烂肉。周保中一声不吭，只是拼命把烟斗吸得吱吱响。军医赶忙用毛巾，不停擦着周保中头上的汗水。

王汝起终于刮完周保中腿上的烂肉，把沾满血的刺刀扔到一旁，竖起大拇指说："周总指挥刮肉取弹，胜过关云长。"

周保中只是抬起手指了指军医，然后指着自己的腿，意思是让他包扎一下。这会儿的周保中已经没有一点说话的力气了。

周保中在养伤期间，思考着上次进攻宁安城失败的原因，主要是军纪不严，进城之后没有按照原来的计划打击敌人，同时还存在战斗混乱、指挥不灵的情况。周保中筹划着如何再次进攻宁安城，吸取了两次进攻的教训，重新调整了攻城部队的人员，强调统一指挥，加强战场纪律教育，战前侦察到位，并且制定了更加详细周密的作战计划。

10 月 27 日夜，周保中拖着尚未痊愈的伤腿，指挥第三次对宁安城的攻击。这次他用上了炮兵和骑兵。在凌晨一点的时候，周保中命令骑兵全体上马，等炮兵在城墙上轰出一个缺口，就策马冲进城去，直接将日伪军击杀在睡梦当中。

两门火炮的怒吼声掀起了第三次宁安城战斗。几十发炮弹的攻击

下，东南角的城墙被直接炸出一个缺口。

没等缺口附近的烟散开，救国军的骑兵已经如同脱缰的野马狂奔进了城中。步兵毫不承让地也跟在后面冲进城去。经过 3 个小时的激战，近千名的日伪军被救国军全部歼灭。救国军三打宁安，终于取得了胜利。

救国军拿下宁安城并且歼灭了一部分的日军，缴获了一批武器弹药和军用物资，在军事上对侵华日军严重打击，在政治上一定程度地唤起了东北民众的抗日信心。

莲花泡战斗

1936 年 2 月中旬，东北抗日联军第五军西征胜利归来的一师转移到莲花泡休整。莲花泡，位于宁安城西南 30 里的高山峻岭之间，这里全部都是一层叠一层如同石头掉入水中泛起的涟漪一般的岩石群，各种形状的石头，遍布各个角落，这里民众所居住的房子都是由石头砌成的。

五军一师在额穆等地已经连续作战两个月，拔掉了很多日伪军孤立的据点和哨所，这时队伍非常疲乏，停在莲花泡休整，恢复体力，等待友军将新军鞋送来，再行西征。一师在莲花泡待了几天就传来情报，说日军已经探知我军驻地，可能前来讨伐。师领导认为现在是寒冬时节，大雪封山，日军一定不会选择这时进攻我军，还有就是莲花泡的地形优势，地形错综复杂，就算敌人过来我军也可以借助熟悉地形在这里同敌人周旋。这是一师做出的最大的错误决定。

2 月 27 日深夜，日军派出东京城守备队加上伪军步兵第二十七团三营，向莲花泡山发动进攻；伪军骑兵第三十三团全体出动，隔断莲花泡与镜泊湖北湖头的交通，用来防止抗日联军增援；同时派出伪军第二十七团的三营，转向花脸沟方向，以阻止一师向沙兰转移，打算将这支抗日队伍全歼在莲花泡山。

28 日凌晨五时，日军开始向莲花泡抗日联军五军一师发起进攻，师长李荆璞急忙命令三团团长王汝起带领全团进入阵地，投入战斗。激战 9 个小时，日军兵分两路，一路日军将三团牵制在原地，另一路绕过三团阵地，向师部发起进攻。李荆璞马上命令一团上前阻击敌军，派遣二团从右边包围敌军，想要将绕过三团进来的日军消灭在这里。

早上 8 点钟左右，日军的第一次攻击被击退，整个莲花泡山硝烟弥漫。日军经过整顿后，发起了第二次攻击，先用炮火对抗日联军阵地狂轰滥炸了一阵，然后日军端起刺刀在机枪的掩护下向抗日联军阵地冲上来。三团团长王汝起被敌人的火炮压在战壕里，肚里憋了一股火气，把背上的红缨大刀拿在手中，等着敌人靠近之后出去和小鬼子拼杀一番。日军快到山顶时，王汝起大喊一声：“开火！”然后自己跳出战壕，高举大刀冲向敌群。战士们在打了一轮枪之后，也都跳出战壕，同敌人展开白刃战斗。这样的短兵相接使得日军指挥官在山脚下哇哇大叫，恨不能使用

◎抗联第五军用过的木桶

火炮。三团的山头上，一时间血肉横飞，日军被抗日联军杀得是纷纷后退，一直败退到山脚下。日军指挥官在击毙一个士兵后，命令他们再次冲向山顶。师长李荆璞同样也打红了眼，亲自率领一支队伍，每次日军冲上山顶时，就跳出战壕与敌人开始白刃战斗。抗日联军阵地前，躺满了日军和抗日联军战士的尸体，满山的大雪被染成红黑色。9个小时的激战，日军没有占到一丝便宜，这些丧心病狂的日军侵略者不顾人道主义，公然违反国际公约，向抗日联军阵地投放毒气弹。李荆璞看着山下日军戴着防毒面具冲了过来，只能命令队伍互相掩护撤出战场。

◎抗联第五军用过的油印机

为了掩护其他战友，二团四连的19名指战员没有来得及撤出，被日军的毒气弹熏得昏迷不醒。这场战斗的日军总指挥林田，在山下等到抗日联军阵地上的毒气散去之后，带领几十个随从来到山顶。此时，昏迷的二团四连的19名勇士也被寒风渐渐吹醒了。马连长悄悄地对大家说："同志们，看到那个腰上系着指挥刀的鬼子了吗？准备战斗，等他到跟前时，咱们再开枪，一定要将他和他周围的鬼子全部杀死。"

林田一边踢着抗日联军战士的尸体，一边走向山顶，还不时地在抗日联军战士的尸体上打一枪。他走到马连长旁边，打算看一下毒气弹的效果，没想到"尸体"突然跳了起来，手中的刺刀插进了林田的胸膛。

"动手！打啊！为兄弟们报仇！"马连长发出如同雷鸣般的声音。

18名战士不约而同地找上距离自己最近的日军军官，子弹、刺刀也不能阻止战士将手中的刺刀插进鬼子的胸膛，每个人没有后退一步，全部都是在杀敌过程中牺牲的。

莲花泡血战，抗日联军共击毙日军 78 名，20 多日军重伤。抗日联军阵亡 42 人，负伤 47 人，将近百人的伤亡其惨烈程度是五军历史上空前的。

日军不仅在武器装备方面比抗日联军有很大优势，而且在兵力上也占据绝对优势。日军本想在这场战斗中将抗日联军全部歼灭，没想到会出现这样的结果，这些丧心病狂的日军残暴地用刺刀将抗日联军官兵的遗体肢解。在日军离开之后，当地救国会偷偷前来收敛战斗英雄的遗体，并买来棺木，乡亲们用隆重的礼节进行下葬，莲花泡山从此又多了一个名字“四十二烈士山”。当时抗联的同志们，为悼念“四十二烈士”，写了一首《莲花泡战斗词》：

江水映斜晖，黑山云雾飞，
镜泊湖上涛光苍茫，
白昼起寒微，山麓列青冢，
湖畔碧野共蒿蓬。
英雄去不回，
天涯芳草系忠魂旌旗伟，
义士轻生死，英风永世垂，
壮志未酬啼遍野，
寂夜惊闻雁泣西风悲。
二月二十八，追恨志无涯，
血溅青石尸陈遍野，
白骨枕黄沙，慷慨奋捐生，
同志四十又二名，
浩气贯长虹，壮烈长铭齐，永震敌胆惊，

回首江山依旧，强奴肆纵横，
深仇积恨何时了，
墟芜千里遍地起悲声。

攻打依兰县城

1937年2月，在牡丹江下游方正、依兰、勃利、桦川一带活动的抗日联军，在洼洪的东北抗日联军第九军军部召开东北抗日联军会议。此次会议决定为了粉碎日军在依兰、方正、勃利、宝清地区实行“归屯并户”、“坚壁清野”政策；歼灭敌人有生力量；夺取军用物资和粮食等；破坏日军统治机关，东北抗日联军第三、第四、第五、第八、第九军共760名战士联合进攻依兰县城。设立总指挥部，周保中和李华堂为总指挥。

依兰县城位于松花江和牡丹江交汇处，在松花江的南岸，四通八达，水路、铁道交通都很便利。在日军占领东三省之后，就把这里当做吉东的军事要地，日伪军军事物资的集结地。城内驻扎了150名日军和70多名伪军。

3月10日，抗日联军开始了为进攻依兰县城战斗做准备工作。

总指挥部命令第一纵队在19日下午3点，由苏格屯附近向依兰县城东南方向团山子倭肯河东方面佯动，在夜晚到达新卡伦小河附近，伏击由双河镇北进增援依兰县城的日军。

3月20日，天飘着雪花，北风不停地刮着，地上的新雪掩盖着抗日联军行走的踪迹。抗日联军主力在半夜11点半进入依兰县城关西南及西北边缘。

3月21日午夜30分，进攻开始。抗日联军主攻部队在地下工作同志的接应下，突入城中攻破西北防所，并且缴获伪军一个排的装备。6

个小时后，城中大部分地区被抗日联军占领。部队赶快打扫城中已经占领的地区，收集日军的军用物资。早上7时，抗日联军陆续从城西、城南出城，移动到牡丹江西岸马家大屯一带，利用周围复杂地形伏击日军。一小部分队伍佯作散乱撤走模样。10点，日军派出了200多骑兵出城追击，很快进入抗日联军马家大屯伏击圈。抗日联军突然出击，经过两个小时的战斗，日军只有三十几个骑兵逃回城中，其余的被抗日联军全部歼灭。

抗日联军在围攻依兰县城时，日伪军双河镇部队派出三分之二的兵力增援依兰县城。抗日联军第五军师长王光宇指挥的第二支队，在新卡伦西北方小河附近，选定了公路两旁的有利地形，并且开始挖掘暗沟，埋设伏兵。

20日下午两点，敌人先头部队约50人，进入抗日联军伏击圈，师长王光宇对着传令官说："放这50人过去，我要用这50人钓大鱼。"

不一会儿，敌人后续部队缓慢地向伏击圈走进来。王光宇说："战士们沉住气，等小鬼子全部进入伏击圈再开枪。"

当敌人全部进入伏击圈以内，抗日联军突然从公路两侧隐蔽阵地出现，集中火力向公路中间没有防备的日军猛烈射击。敌人被打得到处乱跑，队伍一片混乱，完全暴露在公路中间。大部分敌人是在行进中被射死的，有些刚卧倒在地还没开出一枪就被射死了。前方被抗日联军放过的 50 多日军占领一个山头向抗日联军阵地射击，但是抗日联军机动部队的一次冲锋就将他们分割开，然后他们只剩下仓皇逃跑了。日军在抵抗两个小时后，被抗日联军埋伏部队全部消灭。

这次攻打依兰县城的战斗，消灭了大量日军，缴获轻重武器和弹药，还有一台军用无线电报机及各种军用物资。经过这次战役后，三河镇的据点被打掉，之后图佳铁路以及周围的交通封锁被打通。依兰县城和勃利县城的日军不敢猖狂出城，鼓舞了这一带的人民群众抗日斗争的积极性。东北抗日联军进一步地壮大了抗日队伍。

小孤山苦战

1938 年 3 月初，日伪军开始向东北抗日联军七星砬子一带的密营进行围剿。3 月 18 日，三百多名日伪军到了石灰碳沟沟里，被担任警卫的五军三师八团一连发现。石灰碳沟有五军三师隐蔽着的被服厂和后方医院，一旦敌人达到这里，后果将不堪设想。连长李海峰当机立断，一边鸣枪报警，一边率领全连在卡子房阻击敌人。

在敌人停止前进后，连长李海峰直接带领战士们转移到地形有利的小孤山。这座小孤山，平地突起，山顶巨石林立，是一个良好的阻击阵地。16 名勇士爬上山顶，利用石块筑建工事，坚决堵住敌人，为后方密营的同志们争取时间转移！

日军见到东北抗日联军只有十几个人向后面的山上撤退，大着胆子冲过来，以为只要两面夹击，就能生擒活捉。于是，日军指挥官抽出战刀，直接下令冲锋。李海峰连是五军三师有名的“炮手连”（“炮手”在这里的意思是神枪手），连长李海峰原本是绿林出身，绰号“双侠”，枪法精准，百发百中，作战英勇。

连长李海峰看到冲上来的敌人，静静地趴在阵地上没有下达攻击命令，等到敌人越过山腰距离阵地只有四五十米的时候，李海峰当即命令全连安排：“瞄准冲在最前面的几个人，开火！”

机枪、步枪同时开火，把冲在前面的敌人打得人仰马翻。后面狂奔的骑兵收不住，同前面被击中的骑兵撞在一起，一时间乱作一团，狼狈不堪。

“打得好！”李海峰夸奖道，“咱们扔几颗手榴弹，让这群小鬼子尝尝。”战士们手中的手榴弹一颗颗投向敌群，顿时在日军中炸开了花，山坡上又增添了十几具敌人尸体。“炮手连”大显神威。

日军吃了苦头，慌忙命令前方的骑兵后撤，架起七八挺机枪向山上扫射。子弹如同飞蝗一般密密麻麻地飞向山顶。“炮手连”的 16 位勇士久经战场，连长李海峰不慌不忙地问大家：“同志们都瞄准好了吗？”

大家回答道：“连长，早就瞄准好了，下命令吧！”

“那好，开火！”

一排子弹打了出去，日军冲在最前头的十几名鬼子应声倒下。就这样，打退了日军一次又一次进攻。敌人的进攻遭到了战士们的顽强抵抗，站在山下的日军指挥官又惊又怒，明白这回遇上了强敌，让部队停止进攻，从后面把四门迫击炮调上来。

日军指挥官在山脚下对着炮兵喊道：“预备，炮兵队——齐射！”

由于“炮手连”仓促在山头迎敌，没有预设阵地，第一批炮弹落到山顶后，机枪手直接被炸死，连长李海峰的双腿也被炸断。这时日军又组织了一次冲锋，李海峰对着给他包扎的战士说：“快，把我抬过去，没有机枪不行。”

李海峰不顾伤痛，拖着两条断腿，抱起机枪对着冲上山坡的鬼子

◎十二烈士山战斗主阵地

猛烈射击。日军不论怎么进攻都冲破不了神枪手们组成的火网，一个个栽倒在雪地里。日军又一次被打退下去。

四门迫击炮又向山头上发射了十几发炮弹，一连的伤亡不断增加。日军指挥官决定兵分三路，向山顶上发起强攻。抗日联军战士毫无惧色，连长李海峰更是哪里危急，就让身旁的战士将他和机枪抬到哪里。

李海峰在向敌人猛烈射击的同时还不忘记鼓舞全连的士气，大声喊道："打死日本小鬼子！"

冲到半山腰的日军一个接着一个地被击毙。两个小时后，日伪军的这次进攻再一次被瓦解。小孤山山体上躺满了敌人的尸体，雪地都被染成黑色的了。

山脚下的日军指挥官气得哇哇大叫，再一次命令炮兵对山上狂轰滥炸。这次将所有的日伪军都组织起来进行一次强攻。日伪军在炮弹的爆炸声冲向山顶。连长李海峰命令战士们远距离单射，远处的敌人不停地倒下。后来，李海峰在日军的又一轮炮火中被炸死。射手李芳林在机枪子弹打完之后含着热泪把机枪埋进雪堆中，捡起一支步枪开始找敌人的机枪手射击，在消灭两个日军机枪手之后，不幸中枪牺牲。

◎十二烈士山战迹地

战士张全富抓起自己最后的两颗手榴弹直接跃出工事，冲入敌群拉响火线，与日军同归于尽。爆炸声将中弹昏过去的指导员班路遗震醒了，他举起手中的驳壳枪打倒后面冲上的日军，但是最终由于失血过多光荣牺牲。小孤山上面东北抗日联军的战士相继壮烈牺牲，人员急速骤减！

副指导员朱雨亭接替了连长指导员的指挥，眼含热泪地对活着的 7 名战士说："我们亲爱的战友已经牺牲了。现在只剩下我们八个人，面对这些鬼子就看我们的了。"

7 名战士纷纷回答："鬼子想从这里过去没那么简单，只要我们还活着，一个鬼子也别想越过这座山头。"

小孤山血战一直打到黄昏，坚守山头的战士只剩下两名，其他 12 名战士牺牲，两名战士重伤。这两名战士已经做好了与敌人同归于尽的准备。这时增援部队赶到了，对敌山脚下的部队直接发起攻击。日伪军已经有 50 多人被击毙，还有 70 多人被打伤，伤亡超过了总数的三分之一，不得不撤离战场，狼狈而逃。小孤山苦战中，五军三师一连 16 人中，12 人壮烈牺牲，二人重伤。

周保中将军在接到了小孤山战斗的报告后，悲痛万分，亲自赶到小孤山为 12 烈士主持追悼会，并将小孤山改名为"十二烈士山"。周保中还在政治部主任季青撰写的《宝清烈士山十二烈士苦战记》的最后附上了自己为战士们写的一首诗：

兰棒山顶云雾垂，宝石河边雪花飞，
寇贼凶焰犹未尽，十二烈士陷重围。
神枪纵横扫射处，倭奴伪狗血肉堆，
竟日鏖战惊天地，胆壮气豪动鬼神，
不惜捐躯为革命，但愿失士早归回，
他年民族全解放，指点沙场吊忠魂。

老岭奇袭

1938 年 1 月中旬，杨靖宇指挥东北抗日联军第一军冲破敌人的“讨伐”，带领部队从恒仁北上，来到辑安县老岭山区，并在此地开展抗日游击战斗。

通辑线是今梅集铁路（梅河口到集安）的一部分，是梅河口至通化铁路的延长线，铁路全长 120 余公里，是我国东北地区通往朝鲜的一大干线，是日本帝国主义为了掠夺东北资源和“讨伐”东北抗日联军而武装修筑的。

日军从 1937 年 4 月开始增修吉林省通化至辑安铁路，计划越过鸭绿江与朝鲜的满浦铁路接轨。1938 年初，为破坏日军修建通化至辑安铁路计划，开辟新的游击区，东北抗日联军决定采取多种形式，对正在修建的通化至辑安铁路进行大规模的破袭作战。

1938 年 3 月 13 日黄昏，杨靖宇亲自指挥东北抗日联军第一军大约五百多人，夜袭老岭隧道工程。老岭隧道是通化至辑安铁路的关键工程之一，地处通化、辑安交界处，山高谷深，地形复杂。战前，杨靖宇选派部分战士，化装混杂在工人中间进入工程现场。19 时，兵分三路同时袭击老岭隧道西口东亚土木会社工地现场、十二道沟供应仓库和十一道沟发电所。战斗一开始，里应外合、内外夹攻，东北抗日联军迅速歼灭日伪守军。击毙日伪军 7 人，俘虏 5 人；解放劳工 1731 人；烧毁建筑物 12 栋，汽车 3 台及大量建筑物资器材；缴获大批被服及粮食。伪通化省警务厅接到报告，连忙派出伪军过去增援。

14 日，追击抗日联军第一军的日伪部队在距离老岭西南约 10 公里的十七道沟同抗日联军第一军展开激烈战斗。东北抗日联军在阻击敌人之后，马上撤出阵地，并再次寻找有利地形伏击敌军。

日军为加强统治和保护施工，在通化至辑安铁路沿线主要乡镇都建立了伪警察署、所。抗联一军为建立老岭山区抗日游击根据地，采取分散游击的战术，逐步拔除伪警据点。

1938 年 4 月 28 日，抗联一军教导团的战士们乔装成酒后打架的人和围观的群众，乘机袭入太平沟警察所院内，将几十名伪警察缴械，拔掉了这个据点。

日军调派驻扎在通化的山本部队至铁路沿线，用于保护通化至辑安铁路的施工，出动装甲车掩护作业。对此，东北抗日联军第一军采取以小部队分散游击，破坏施工，截获工程物资。

1938 年 7 月 29 日，东北抗联第一军 150 余人袭击了警戒森严的大青沟工程，击毙击伤日伪军 10 人，缴获一批物资，烧毁汽车一辆；8 月 22 日，100 余人袭击第六、第七老岭河桥梁一带的劳工棚，解救劳工 25 人。

从 1938 年初开始，抗联一军在通化至辑安铁路破袭战中，共战斗 50 余次，击毙击伤俘获日伪军 750 余人（其中日军 208 人），解救劳工 3000 余人，烧毁大批工程物资，阻止和延缓了日军修筑通化至辑安铁路，并建立了老岭抗日游击根据地。

第三章
东北抗联的红色传奇故事

日月如梭，时光流逝，14 年的东北抗日战争烽火已随风飘散，然而那时流传下来的一部部惊天动地的传奇，一段段悲壮的故事，一场场惊心动魄的战斗，一个个可歌可泣的英雄事迹，仍为世人代代相传，感人肺腑。

人民生命重于一切

1932 年秋，在中共满洲省委和东满特委的领导下，中共和龙县委宣告成立，领导全县各族人民开展抗日游击战斗。

中共和龙县委将开山屯、大砬子、平岗和三道沟等区的游击队集中到渔浪村，正式成立了和龙县抗日游击队，决定开辟以鱼浪村为中心的抗日根据地，为便于对敌斗争，县委机关从药水洞转移到鱼浪村。县委领导的平岗、三道沟、开山屯、大砬子区游击队，在陆续消灭了鱼浪村附近的日本走狗及反动地主武装后，也转移到鱼浪村游击根据地，建立了中共和龙县委直接领导的第一支人民武装和龙县游击中队。金世为中队长，金炳洙担任政委，县委军事部长是大革命时期参加过广州起义的方相范，下辖 3 个小队。他们在鱼浪村抗日根据地建立了被服厂、军需科、武器修理厂、炸弹制造厂、医院等。游击中队在中共和龙县委的领导下，在广大人民群众的支援下，多次打击敌人，一步步将队伍发展壮大起来。

1933 年 2 月 12 日，日本侵略者妄图扑灭和龙县抗日烽火，纠集和龙县三道沟、二道沟及龙井方面的日本守备队、伪警察、武装自卫团等 300 余人，组成“联合讨伐队”，配备机枪、迫击炮等重型武器，兵分两路，向和龙县渔浪村根据地进行了大规模的军事围剿，企图消灭抗日武装力量。

游击队的哨兵立刻将消息报告给游击队队长金世。金世沉着果断地安排任务，说：“现在马上通知县委崔书记，让他带领广大群众撤离村庄，转移到安全的地方去。咱们游击队去吸引敌人，争取群众撤离的时间。”

金世的游击队以屋子为中心，同敌人展开激烈的战斗。敌人用步枪和机枪对着屋子猛烈地扫射，子弹就像雨点般向屋子里飞去。面对敌人的疯狂进攻，游击队员利用火炕作为战壕，沉着应战，奋起还击，打死打伤许多敌人。残酷的日军放火把房子点着，想把游击队员逼出

◎日本关东军军用炮弹

屋子，不一会儿屋子就被熊熊大火包围了。战士们周围飞舞的火星、浓烟不断地翻滚着。游击队员柳泽奎身负三处重伤，躺在血泊里，仍不停地向敌人射出一颗颗子弹。在房子快要倒塌时，战士们冲出屋子，向道南突围。

◎日军扫荡时用的机枪

游击队队长金世带领三名游击队员迅速地突围到屋子西南方向 100 多米远的壕沟。在突围过程中他们同一小撮敌人交火，金世的大腿负伤，简单地包裹伤口后，继续投入战斗。游击队员占据的壕沟，周围没有什么隐蔽转移的遮蔽物，几乎所有行动都暴露在敌人视野中。日军在炮火和机枪的掩护下，迂回地包围过来，妄图一举毁灭游击队的阵地。战士们顽强地坚守住了阵地，同时击毙了多名敌人。日军又发动了十几次的进攻，仍然没有拿下游击队的阵地，但是战士们手中的子弹不多了，金世要求队员节省子弹，等敌人靠近之后再进行射击，务必做到一颗子弹打中一个敌人。日军见到游击队阵地上枪声停止了，马上发动进攻。当敌人冲到距阵地 30 米左右的时候，金世命令战士们开枪。一轮射击之后，日军赶忙撤退，因为游击队员的每颗子弹差不多都打中了敌人，使得日军出现大量伤亡。最后游击队员的子弹打光了，他们毁坏自己的武器，同冲上来的敌人展开了惊心动魄的肉搏战。

另一边，县委书记崔相东面对日伪军的疯狂“围剿”，沉着果断地组织干部和群众进行突围。不料，崔相东在带领大家突围时腹部中枪，倒在雪地上。一个日本士兵端着刺刀，龇牙咧嘴地向他刺来。崔相东满腔怒火，眼神中喷出愤怒的火焰。他抓住敌人的刺刀，同敌人扭打在一起。鲜红的血从崔相东的身体里流淌出来，染红了衣服，也染红了雪地。在生命的最后时刻，崔相东强忍剧痛，搬起块大石头狠狠地砸向敌人。敌人被砸了个脑浆四溅，一命呜呼。这时，另一个敌人又扑了上来，刺刀扎进了崔相东的胸膛。崔相东倒了下去，壮烈牺牲。

以县委书记崔相东、游击队中队长金世为首的游击队，同数量 20 倍于己的日军进行了长达 6 个多小时的激烈斗争，用鲜血和生命保卫了县委机关和根据地群众，保存了中国共产党领导的和龙县抗日武装力量，粉碎了敌人消灭抗日游击队的企图。日军一举歼灭游击队的企图彻底破灭了，他们用三辆汽车装着尸体和重伤员，灰溜溜地撤退了。

这天傍晚，鱼浪村的军民满怀悲痛的心情，安葬了牺牲的 13 名勇士。13 名勇士是：县委书记崔相东；游击队中队长金世（金亨杰）；游击队政委金 × ×（外号金大嫂）、游击队小队长李九熙；游击队员：俞万吉、李吉元、安兴元、金国镇、全斗镐、柳泽奎；赤卫队员刘亿万；少先队员车贞淑；还有一位烈士，连名字都没有留下。

勇士们同日本侵略者血战到底的英雄气概，感天地、震寰宇，他们以一腔热血和真诚的爱国之心书写中华民族反侵略战争史上最壮烈的篇章，用鲜血和生命诠释了高尚的民族气节和深切的爱国之心。

东北抗日联军军歌

东北抗联的战斗历程如果用“一路征程一路歌”来形容，应该是很恰当的。

抗联的主要领导人十分重视发挥革命歌曲的战斗作用，不仅支持部队中的文艺工作者进行歌曲创作，还亲自动手撰写歌词。抗联第一路军总指挥杨靖宇、第二路军总指挥周保中、第三路军总指挥李兆麟等，既是抗日名将，又是善于用军歌凝聚军魂的宣传家和鼓动家。他们亲手写作了很多抗日诗词与歌曲。今天，我们读起他们的诗词，唱起他们的歌曲，仍然是那么荡气回肠，久久难忘……

杨靖宇与东北抗联第一路军军歌

杨靖宇曾对人说，自己上过两个大学，一个是“社会大学”，一个是“监狱大学”。他从事白区工作时，曾五次被捕，入狱两年多。1929年，杨靖宇到抚顺日本人开办的矿山搞工运，被叛徒出卖。日本特务认定他是“头目”，施以灌辣椒水、灌煤油、上大挂、坐老虎凳等酷刑，连续折磨了五六天。他虽奄奄一息，却始终不招供。在狱中，他刻苦学习，出狱后便带着新学到的知识和更坚强的意志奔赴新的战场。

在抗日联军中，杨靖宇是一位擅长写作歌词的革命诗人。部队休整时，他总是亲自教唱歌曲鼓舞斗志。除了最喜欢教唱的《国际歌》外，他还在密营中写下了不少诗歌，有些谱上了曲在全军传唱，其中比较有名的诗作有《东北抗日联军第一路军军歌》和《西征胜利歌》。那雄壮的词句——“铁骑纵横，满洲境内，已有十六军。万众蜂起，勇敢杀敌，祖国恢复矣。”——多少年后读来还感气势磅礴。

◎杨靖宇将军雕像

1936年7月4日，中共南满第二次代表大会在金川县河里会家沟召开。在这次会议上正式宣布将东北人民革命军第一军改编为东北抗日联军第一军，杨靖宇任军长兼政委，宋铁岩为政治部主任。军部下辖教导团和三个师。

会议期间，杨靖宇创作了《东北抗日联军第一路军军歌》。这首歌曲充满了对革命必胜的信念和革命的乐观主义精神。它振奋了军威士气，有力地打击了敌

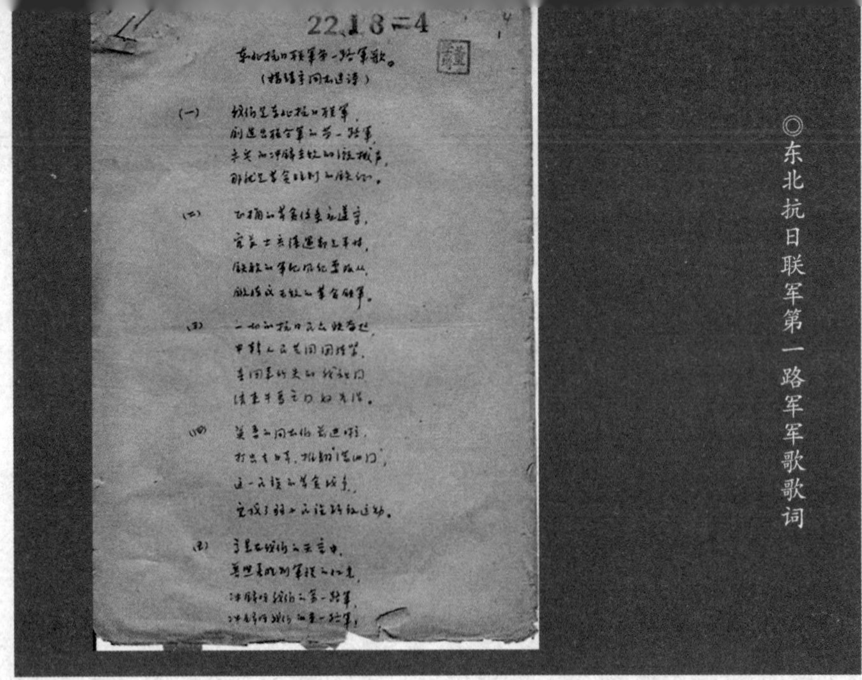

◎东北抗日联军第一路军军歌歌词

人，传播了党的抗日政策。杨靖宇亲自向部队教唱，那豪壮的歌声，展示了抗联英勇不屈的斗争精神和豪迈气概：

我们是东北抗日联合军，
创造出联合军的第一路军。
兵兵的冲锋陷阵缴械声，
那就是革命胜利的铁证。
正确的革命信条应遵守，
官兵和士兵待遇都是平等；
铁一般的军纪风纪都要服从，
锻炼成无敌的铁军。
一切的抗日民众快奋起，
中韩人民团结紧；
夺回来丢失的我国土，
结束牛马亡国奴的生活。
英勇的同志们前进吧，

打出去日本强盗，推翻“满洲国”。
进行民族革命正义的战争，
完成那民族解放运动。
高悬在我们的天空中，
普照着胜利军旗的红光。
冲锋呀，我们的第一路军！
冲锋呀，我们的第一路军！

李兆麟与抗联军歌《露营之歌》

李兆麟是中共北满省委主要领导人之一、东北抗日联军第三路军总指挥，生前曾以“‘运思出奇，横扫千军’……夺回我河山”的豪言壮语，作为“振兴中华”的座右铭。1931 年九一八事变后，在党的领导下，李兆麟戎马驰骋在“辽、吉、黑”，率领抗日军队历尽千险、排除万难与日军侵略者浴血奋战，配合其他抗日联军和苏联红军消灭日本关东军，解放了全东北，终于“夺回我河山”。他无私地把自己的一生奉献给中华民族的解放事业，奉献给中国人民的卫国战争。他的英雄业绩将永远为中华民族所赞扬，他的英名将永远铭记在中国人民的心中。

《露营之歌》是一首东北抗日联军歌曲，创作于东北抗日联军西征前与西征途中。由李兆麟、于天放等作词，套用古曲“落花调”填词，唱起来十分悲壮激昂。《露营之歌》是当年抗联西征战斗岁月的写照，曾极大地鼓舞了抗联战士的斗志，有极广泛的影响。抗战胜利后，又在东北地区广为流传。

从 1937 年 5 月到 1938 年底，李兆麟率领抗联部队西征，一边行军一边宿营，在战争的间隙和战士们一路切磋、一路修改、一路传唱。从帽儿山写到嫩江，经历了春夏秋冬和无数个不同的地方，每段歌词都有每段战斗生活的背景。在歌词里，记录了全体抗联战士无论是在

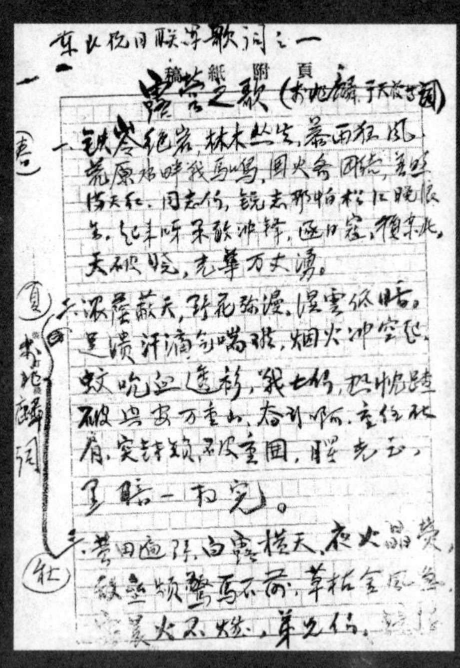

◎《露营之歌》

“朔风怒吼”、“冷气侵入夜难眠”的恶劣天气里，还是“蚊吮血透衫”、“足溃汗滴气喘难”的艰苦行军中；无论是处在“征马踟蹰”、“敌垒频惊马不前”的困苦条件下，还是“火烤胸前暖，风吹背后寒”的雪地露营时，都动摇不了誓同日寇血战到底“重任在肩”、“夺回我河山”的钢铁意志。

《露营之歌》全曲首次发表在1939年的《革命歌集（第二集）》中。该《歌集》为抗联三军政治部所编，战后收存于中央档案馆，一直没有对外公开，直到1999年才被公诸于世。

《露营之歌》歌词

作者：李兆麟、于天放、陈雷等集体创作

（一）

铁岭绝岩，林木丛生，暴雨狂风，荒原水畔战马鸣。

围火齐团结，普照满天红。同志们！锐志那怕松江晚浪生。

起来呀！果敢冲锋，逐日寇，复东北，天破晓，光华万丈涌。

（二）

浓荫蔽天，野花弥漫，湿云低暗，足溃汗滴气喘难。

烟火冲空起，蚊吮血透衫。战士们！热忱踏破兴安万重山。

奋斗啊！重任在肩，突封锁，破重围，曙光至，黑暗一扫完。

（三）

荒田遍野，白露横天，夜火晶莹，敌垒频惊马不前。

草枯金风急，霜晨火不燃。弟兄们！镜泊瀑泉唤起午梦酣。

携手吧！共赴国难，振长缨，缚强奴，山河变，片刻息烽烟。

（四）

朔风怒号，大雪飞扬，征马踟蹰，冷气侵人夜难眠。

火烤胸前暖，风吹背后寒。壮士们！精诚奋发横扫嫩江原。

伟志兮！何能消灭。全民族，各阶级，团结起，夺回我河山。

抗联的“电话”

军事通信是军队为实施指挥，运用通信工具或其他方法进行的信息传递。它是保障军队指挥的基本手段。为完成军事通信任务而建立的通信系统是军队指挥系统的重要组成部分，是军队战斗力的要素之一。对军事通信的基本要求是：迅速、准确、保密、不间断。

九一八事变，日本帝国主义侵占东北三省后，中共满洲省委根据中共中央发布的关于领导东北人民进行抗日斗争的指示，组织和领导了东北人民的抗日游击战斗。在敌人的血腥统治下，当时中共满洲省委为了加强对上下党组织的联系，加强对抗日武装队伍和抗日群众团体的组织领导，建立起党的秘密交通。当时，满洲省委设立交通局，各特委设立交通处，各中心县委设立交通部。主要任务是传递党的指示文件和情报，负责护送干部。

机智的老交通员

李升是满洲省一名出色的老交通员。早年被人骗到俄国修筑铁路，在俄国十月革命时，他和苏联红军一起与白匪军作战。1919年冬，在一次与日本武装干涉军战斗失利后，队伍走散，李升等中国工人跑过了封冻的黑龙江。九一八事变后，日本侵略军到处横行，李升非常气愤，他很想像在俄国时那样，拿起枪来打日本，经中共满洲省委负责人冯仲云介绍，光荣地加入了中国共产党。由于他生活经验丰富，机警沉着，腿脚又快，虽然年岁大了点，但更易于掩护，所以党组织安排他做了交通工作。李升往返于各抗日联军部队与地方抗日救国会之间，传递情报，护送人员。

1934年，党组织交给李升一个重要的任务，从中共满洲省委送一份重要文件到汤原游击队。当时，汤原出了叛徒，敌人戒备森严，递送文件需要冒很大的风险。李升明白这种情况，但是没有任何退缩，说："就是刀山也要上，有我在就有文件在，即使发生不幸，敌人也甭想得到它！"

李升装扮成小地主的模样，随身携带两个铁糖桶和两瓶虎骨酒。他先是到了哈尔滨码头结交了一位年轻的汤原商人。因为李升很久没有去过汤原了，并且那里又出现了叛徒，不能贸然前去。现在李升有

◎1934年东北抗日时的汤原县游击队队员

了这个商人朋友，就能在其所在的商号落脚，比住店安全多了。

船到汤原码头，岸上的警备人员仔细地搜查下船的人。在李升他们准备下船的时候，发现了一个熟人，但是李升从这个人的神情上断定他就是叛徒。这个人穿着一件黄色的便衣，那双小眼睛盯着每个下船的人。就在这千钧一发的时刻，李升机警沉着，当机立断，对他那个商人朋友说："我有东西忘在船舱里了，你先下船去商号向掌柜交代一下，我这样直接过去有点不合礼仪，太唐突了。"

小商人说："李大哥，还是你想的周到，我这就去安排一下。"

"等等。"李升喊住小商人，并把手中装有文件的货物交给小商人，说："你把这些东西帮我先带去商号，我去买点东西。"

李升刚走下船就被警察围了起来，叛徒指着他对周围的警察说，他就是共产党员，是共产党的交通员。警察把李升直接带到了码头派出所，对他搜查、审讯。李升一口咬定叛徒看错了，警察在他行李中也搜不到任何有嫌疑的东西。特务和警察也拿他没有办法，准备将他释放，但是叛徒还是咬住不放，并且说："你不是说自己是一个大商人嘛，一定在汤原做过生意，你叫其他商人过来接你，证明你是个商人。”正说着，先回商号的小商人为找李升而到了派出所。小商人证实了李升的口供，带着李升离开派出所。李升顺利地完成了任务。

最后的路程

1939 年 10 月的一天，抗联第六军十二团接到一份中共满洲省委需要给讷河党组织的指示信。这封信需要尽快地送到梁家窑交通站。十二团党委立即派出朱连长和冯万海去送信。

日伪军对公路封锁严密，两位共产党员只能穿过渺无人烟的原始森林，绕道把信送到梁家窑。

当时秋天快结束了，寒风吹得透骨刺人，森林中湿气重，没走多远两位共产党员的衣服就已经湿透了，身体是越发的寒冷。在经过达讷莫尔河的时候，两个人只借助一根木头划水过了河，上岸之后，衣服直往下流水，但是他们没有片刻停歇，穿着湿透的衣服继续前进。慢慢地，衣服已经结了一层薄冰，走路时发出刷刷的响声。但是，他们不顾寒冷和疲劳，仍然顽强地坚持着，争分夺秒地去完成党交给的送信任务。

两个人走到一个多年不用的炭窑旁边时，极度疲惫的两人打算坐下来休息一下。他们捡了一些炭，生火取暖。由于他们已经很久都没有休息了，过分的疲劳使得他们不知不觉就睡着了。炭火很快熄灭了，朱连长没过多久清醒过来，只感觉自己头昏脑涨，浑身难受。他明白这是炭烟中毒了。他赶忙抬起头去看冯万海的情况，冯万海的身体除了头部以外全部被烧焦了。朱连长打算过去拖冯万海时，感觉自己的脚一阵钻心的疼，这才发现自己两只脚也被严重烧伤。最后他只能挣扎地将冯万海拖了出来，强忍着悲痛，把冯万海的遗体掩埋好。但这时他的双脚已经不能行动了，只能匍匐爬行。就这样，他一点点地向前移动，有几次疼得昏过去，每当清醒过来之时，他就对自己说：“我是一名共产党员，只要有一口气，就要先完成党交给我的任务。”

他用尽全身力气一点一点地挪动着，手掌、膝盖都被磨破了，满身上下都是血。

朱连长经过两天两夜的爬行，在他快接近梁家窑附近的树林里发现了早上起来砍柴的交通员老梁，这时他脸上流露出欣慰的笑容，拼命地喊老梁的名字。老梁听到声音赶快跑过来，看到一个血肉模糊的人手里向前举着用桦树皮包裹的东西，说："老梁，快！把信交给讷河党组织！"说完，朱连长笑着闭上了眼睛。老梁这才发现这个血肉模糊的人是过来送信的朱连长。老梁手中拿着信，悲痛地抚摸着朱连长的遗体。他擦干眼泪，掩埋了朱连长，及时地将信交给了讷河党组织。

冰天雪地中的"轻骑兵"

据史料记载，滑雪行为最初是由于寒冷的冬天给人们的生活带来不便，为了在这种恶劣的自然环境下求得生存，人们用皮带把大片兽骨绑在皮靴上，作为滑雪的工具，使得人们可以在浩瀚的林海雪原中任意驰骋、追寻猎物，从事生活、生产活动。

东北的冬季寒冷多雪，每到大雪封山，大部分交通瘫痪，这给东北抗日部队带来了很大困难。大雪封山曾使得东北抗联第七军在与日军作战时吃了一个大亏。

1937 年冬天，当时大雪封山，东北抗日联军第七军同日本的平安军遭遇，平安军中有一支会滑雪的队伍，他们在雪地上跑得飞快，而抗联的战士在雪地里行动十分困难。这场遭遇战中抗联第七军伤亡很大。

原本东北抗日联军是由原来的游击队整编而成的。游击战的要素是灵活机动、敌明我暗。冬天大雪覆地，草木枯萎，隐蔽性、机动性都大大降低。难以藏身就难以游击，被敌发现自然也难以脱身。抗联战士为了解决雪地作战这一难题，同时达到“以患为利”的效果，在部队中进行滑雪训练。

东北抗联第七军拿日本平安军的滑雪板做样板，经战士们研究后，决定用水曲柳木板做滑雪板，然后用绳绑在鞋子下面。把小树修剪一下做成雪杖。战士们刚开始训练滑雪时，由于平衡掌握不好经常翻倒在地；由于控制不好方向，有的撞到树上，有的撞到雪堆里。战士们露在外面的皮肤常常被割破，好多战士的脸上都被树枝割得鲜血淋淋，身上也被撞得青一块紫一块的。但为了更有效地消灭敌人，为牺牲了的战友报仇，战士们顽强刻苦地训练滑雪技术。

东北抗联第七军军长李学福曾亲自指挥一支滑雪部队。部队一夜可急滑 200 多里山路，经常出其不意地袭击敌人，散发传单，弄得日

◎战斗在白山黑水间的东北抗联

◎东北抗联骑兵雕像

伪军惶惶不可终日。

有一次，这支轻捷便利的滑雪队把日军引入雪深过膝的大砬子山峦中。日军正在艰难爬行时，李学福带领战士们迅速发动攻击，一轮齐射之后，立即转移。日军还在找寻抗联部队的踪迹时，李学福已经同战士们到达距离日军很远的山头上，观察日军行动。东北抗联部队经过几天的反复冲杀，在零伤亡的情况下，歼灭日军 100 多人。

由于东北抗联战士经常脚踏雪板出没无常地袭击敌人，取得了不少次胜利，抗联队伍里面有人就创作了一首歌谣："雪板好，雪板好，不喂料来不喂草，战士穿上满山跑，比敌人的汽车快，比敌人的马队好，追得鬼子跑不了。"

周保中等抗日联军领导人多次强调要加强滑雪训练。1941 年，周保中将军在给野营游击部队全体同志的信中，提出将滑雪运动作为野营条件之一。后来他还提出大量补充滑雪板、冰鞋的供应量，来保证抗联部队的滑雪训练。之后滑雪运动在抗联部队中不仅仅是一项有利于军事的运动，同时还成为战士们丰富生活的一项运动。

冬季，东北各地的雪下得特别大，雪深就有二三尺，徒步在雪地行走，一天只能走五六华里。日本侵略者在雪地中对抗联部队进行围剿时，局势对抗联部队十分不利。自从抗联部队组织滑雪训练之后，形势大大好转。滑雪队穿山越岭，迂回包抄，十分神速，就像一支快速反应部队，偷袭敌人，打了就跑，一溜烟就没影了，莽莽雪野上只留下一道道板痕，汽车、马队都休想追得上。滑雪队常常忽然出现在日军的面前，打日军一个措手不及，之后潇洒离去，气得日军指挥官乱叫一气。

东北难熬的漫长冬季，对于抗联部队的滑雪队伍来说，那冰雪世界就像鱼儿们生活的大海，滑雪板则是冰天雪地中的风火轮。

从敌人手中夺枪

没有吃没有穿，
自有那敌人送上前，
没有枪没有炮，
敌人给我们造。
我们生长在这里，
每一寸土地都是我们自己的，
无论谁要抢占去，
我们就和他拼到底。

九一八事变发生后，抗日义勇军的装备情况很不乐观，好多队伍用的大部分都是冷兵器，但是抗日群众并没有因此停止抗日行动，“没有枪我们可以去敌人手里夺过来”，是当时很多抗日队伍的想法。

◎李红光(1910~1935)，朝鲜族，又名李弘海，李义山，朝鲜京畿道龙仁郡丹参洞人。南满抗日游击队的主要创始人，1935年5月12日在战斗中不幸中弹壮烈栖牲，年仅25岁。

因此，东北地区发生了很多抢劫地主、伪军枪支的情况。

1932 年 1 月，满洲省委决定在磐石县和海龙县附近建立一支中共领导下的抗日武装队伍，开展游击战争，打击日军侵略者。

磐石县委从青年党团员中抽调出 30 余人，组成了这支抗日队伍。但是这些只参加过农民运动的队员，并没有参加过真正的战斗。而且，队员们手里只有一些棍棒，没有一支像样的枪。年轻的共产党员李红光就鼓励大家，说：“同志们，无论做什么事情都是从没有到有的，咱们现在没有枪可以从那些有枪不抗日的人手中夺枪。”

磐石县委也认为这是一个好办法，不仅能得到装备，也间接地打击了日本侵略者。综合周边的情况，磐石县委很快把目标锁定为呼兰镇的地主护卫队。这个护卫队名字叫“大排队”，是九一八事变后地主豪绅成立起来的看家护院的队伍，他们勾结日军，同共产党领导的抗日群众组织为敌，县委早就打算铲除他们。磐石县委把这次夺枪任务的指挥权交给了李红光。

李红光带着几个队员经过很长时间的侦察，摸清了这个护卫队的活动规律。这天晚上，李红光带领游击队开始了夺枪行动。

李红光等人很快到达了呼兰镇。护卫队就住在镇外，他们的队长赵保董正带着队员们在屋里赌博呢。李红光等人在屋子外面没有侦察到一个岗哨，于是让队员们开始行动，手持大刀长枪将房子团团围住。李红光喊过来 4 名队员说：“你们和我一起进去，咱们现在装扮成进去赌博的赌徒，到里面大家看我的眼色行事。”李红光带着四名队友就大摇大摆地走进屋子。战士们进来时，赵保董看了他们一眼，由于在自己的地盘上，也没想那么多，继续在通铺上吆五喝六地赌着。李红光当即掀翻桌子，队员们跳上炕头，掏出仅有的两支手枪和两枚手榴弹，李红光大喝：“不许动！我们是抗日游击队！谁动打死谁！”

护卫队的人还没有回过神来，外面等待的游击队员在省委巡视员的带领下冲进屋子，把护卫队放在屋里的 20 多支枪全部缴获，并把赵保董捆起来，拉到外面枪毙了。然后游击队员对护卫队的人进行了抗日教育。游击队这次行动带回来了大量的武器弹药，鼓舞了磐石抗日的士气，扩大了游击队。

在东北很多抗日游击队刚成立的时候，游击队中枪支弹药都不是特别充裕，好多地方都出现了这种从敌人手中徒手夺枪的情况。

◎东北义勇军使用的武器

汤原游击队在刚建立时，汤原县委书记夏云杰带领游击队员去夺取日伪军的枪支弹药，不仅打击日本侵略者，同时还补充了游击队的装备武器。

1932 年秋天，在汤原县由于日伪特务的频繁活动，使得曾经公开领导和参加过抗日斗争的许多同志都无法公开活动。大家只能躲在小兴安岭附近挖的地窖中。

大年三十，本应该是中国人民最欢乐的日子。但是，日本侵略者使得中国人无法在自己的家园中欢度春节。汤原游击队队员带着对日本鬼子的满腔怨恨，偷偷地躲在地窖里。地窖里又黑又冷，20 多个人挤在一起，焦躁地说着怎么打击日本侵略者。

这天，怒吼的寒风吹过，漫天的雪花随风飘落，银装素裹。汤原县委书记夏云杰带着饺子来到地窖里面慰问战士们，同时给大家带来一条重要指示。他面带笑容地同大家打招呼，说："同志们，大家辛苦了，今天是大年三十，本应该来这里和大家欢度佳节的，日本鬼子残暴的侵略，使得大家只能躲在这里。现在我带来一件大家盼望已久的事情，这件事情还关系到我们能不能坚持抗日到底。"

有位战士忍不住喊道："老夏，你快说要我们做什么?"

夏云杰接着说："县委决定今天晚上去黄花岗皇协军据点里夺枪，现在各小队长过来商量一下具体行动方案。"

顿时，地窖里就沸腾起来了，人们兴奋地说着夺枪行动。

不一会儿，各小队长集合本队的队员，向他们传达战斗部署。随后，夏云杰带领着队伍借着夜色出发了。两个小时之后，队伍来到黄花岗。夏云杰提醒队员，进入村子后行军要肃静、迅速，注意隐蔽。

汤原游击队很快地摸到了皇协军据点附近，不见有哨兵走动。炮楼中隐约能够看到有哨兵在里面对着喝酒，不时传出几句脏话。大门上挂着两盏官灯，将台阶附近照的通红。夏云杰对着周围的战士说："你们两个去把炮楼里面得哨兵清理掉，注意不要发出任何声音！去

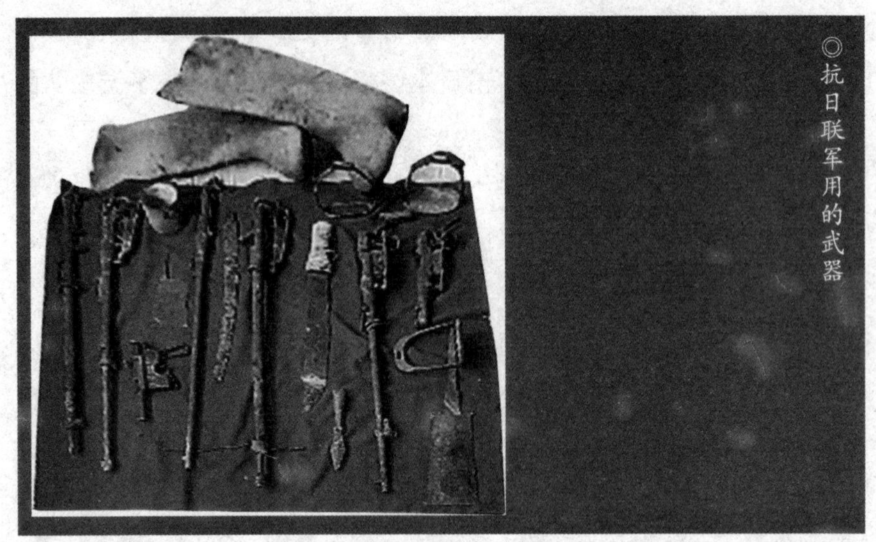
◎抗日联军用的武器

吧！小心点。”

“是，保证完成任务。”

夏云杰扭头接着说：“咱们从墙头悄悄地摸进去，尽量不要被发现。”说完带领大家向墙根跑去。皇协军据点大院里，士兵们三五个人坐在一起吆五喝六地说着脏话喝着白酒。夏云杰跳进院子发现这种情况顿时松了一口气，命令各小队按照分配好的任务，快速地潜入大厅、厢房……

高台阶的上房大厅里花灯通明，酒宴正酣。穿着皮袄的皇协军团长正同几名营长举杯同饮。夏云杰带领战士从正门冲了进来，举起手枪喊道：“不准动！”还没等这几名长官明白过来，游击队员已经把他们身上的枪全部收缴起来。在村子里作威作福的皇协军团长，瘫坐在凳子上，举着双手喊道：“饶命！求几位大侠饶命！”

厢房里喝得醉熏熏的士兵、赌钱的士兵，被出其不意闯进来的游击队员惊呆了。皇协军来不及反应就被游击队员给缴了枪。黑糊糊的枪口对着他们，一个个被吓得面如土色。

游击队员很快搜遍了整个院子，把据点里所有人都集中在前院。夏云杰说：“我们是抗日游击队，是打鬼子的队伍，我们不会伤害你们任何一个人。你们过去帮助日本鬼子做的事我可以既往不咎，但是以后你们谁还敢帮鬼子做坏事，杀害中国老百姓，我们决不答应。”

皇协军团长唯唯诺诺地答应着：“是，是，我们不敢了!”

夏云杰带领着背着缴获武器的游击队员从大门离开。在外面埋伏警卫的同志们立即接应过来，一起扛着收缴来的武器离开村庄。这次夺枪行动为以后游击队的不断壮大提供了一定的武器装备。

这支创建初期仅有 20 人的汤原游击队，后来发展成拥有 2000 人的东北抗日联军第六军，狠狠打击了日本帝国主义，威名远震，令敌人闻风丧胆。

东北抗联的“密营”生活

密营，是东北抗日联军对于自己秘密宿营地的称呼。密营一般建立在比较偏远、隐蔽、便于观察又接近水源的高山腹地之中，多数是木刻楞房、马架子、地窨子，少数是天然山洞。东北抗日联军依据这些密营的地理位置、容积大小等条件，将少数设置为被服厂、战地医院、兵器修理所、军政干部学校、领导机关驻地等。

密营大多数用来过冬和躲避日军围剿。山中密营建设地点的选择，一般都是窝风向阳的山坳间。密营房舍一般是用原木刻成的连体式马架子房，也叫木刻楞；顶盖用桦树皮或茅草苫盖，里面南北大炕，对面而居；中间是用缴获的日本汽油桶改制的火炉子取暖。再就是地窨子，依山而建，先向下挖一米多深的坑，然后上面棚上木头杆子，杆子上埋上泥土，和周围环境保持一致。地窨子内均分东西两铺火炕，烟囱是用空心木做成的。密营的内部结构十分整齐完整，配备也较为齐全，有宿舍、厨房、仓库、药房、粮仓、枪械所、哨所等，哨所一般秘密建在山脊之上视野比较开阔的地方，便于瞭望和战斗。此外还在核心密营外围建若干小型密营，起到拱卫核心密营的作用。

密营一般距离村屯都很远。抗联战士们在冬季来临之前，就已经把维持生存的给养和物资储备好了。到了冬季大雪封山，抗日联军的基本生活就是学习、整训，偶尔派出小部队到几十公里甚至几百公里的敌人据点打打给养。

密营的生活是很艰苦的，但也不乏乐趣。在训练、学习之余，抗联战士经常聚在一起举办一些文艺娱乐项目，丰富战士们的生活。

蒿子湖杨靖宇密营，是东北抗日联军第一路军总司令杨靖宇生前生活战斗的地方，位于老龙岗山脉的密林中。老龙岗，被当地人称为“迷魂阵”，这里山高林密，沟谷纵横，怪石嶙峋，异常隐蔽，一旦步入此地，便看到沟谷纵横交错，分延四周，地形复杂相似，很快就会迷失方向。

距密营东南 6 米处，有一条小溪，溪边有一口木刻的水井，是当年抗联战士的饮用水源；密营东侧 3 米处，有一突出的山包，将密营遮掩，是一处绝佳的天然屏障。山包的密林旁，有一圆坑，圆坑内由木杆铺地，是警卫哨兵的掩体。

杨靖宇将军曾在蒿子湖密营以山高林密为掩体，四面出击，打击日寇。杨靖宇在蒿子湖密营期间，共打了大小战役 10 余次，取得了一个个抗战的胜利，其中在 1938 年，杨靖宇、魏拯民曾在这里指挥并参加了“柳树河子之战”，击落敌机一架。

在七星砬子，抗日联军十一军修建了一座密营。在 1938 年秋天，抗联十一军借助进入冬季战事较少的这段时间，提高干部战士的觉悟，培养一批青年骨干力量，决定在七星砬子密营中建立一所学校。

抗联十一军的学校就建在距七星砬子主峰东北方向十多里处的一个山坡上。这里有一条非常隐蔽的山沟，周围长满了密密层层的树木，两边还有陡峭的山峰。抗联十一军各部的学员来到这里后，自己动手盖起了校舍。当时，大家非常急切地想要学习新知识，没几天就把校舍改成了。房子十分简陋，在向阳的山坡上顺着山势挖下去一个土坎儿，前面用木头卡起来，再用树枝盖上房盖也就成了。

屋子里，用树枝和干草搭上地铺，用大油桶做成炉子。在正面的墙上端端正正地挂着马克思、恩格斯、列宁、斯大林、毛泽东和朱德的大幅照片。学校的条件很艰苦，既无桌椅，又无书本。在那样困难的条件下，到哪里去找黑板和粉笔？学员们动手把大木板抛光，摆在大工棚的一头，老师找来木炭在上面写字、画图，写满了、画满了，抬到河边刷洗干净，然后再写、再画，几块木板轮换着用，倒也非常方便。学员们都用不上纸和笔，只能用木炭当笔，桦树皮当纸，或者干脆用小木棍在地上练习。

虽然这般困难，但学校讲授的内容还是很丰富的。老师在上课的时候，一边回忆自己在学校里学到的政治、军事内容，一边给学生们讲授。政治课上，老师们主要讲了鸦片战争、九·一八事变等帝国主义侵华史；介绍了苏联十月社会主义革命的情况；分析了世界形势；宣传了中国人民抗日斗争的前景；介绍了中国工农红军北上抗日、进行万里长征的情况，以此来激励学员们的抗日热情，鼓舞士气。军事课上，主要讲解游击战术，毛主席总结的“敌进我退，敌退我追，敌驻我扰，敌疲我打”的十六字诀，射击要领，利用地形、地物等。当时所使用的地图，多是从日本鬼子手里缴来的军用地图。学生们在军用地图上辨认、识别图例符号，如识别什么符号代表山坡、河流、道路、桥梁等。

学校的生活很艰苦、很紧张，但同样很快活。学员都是二十多岁

◎蒿子湖密营遗址

◎因陋就简却巧夺天工的青松灶

◎ 排烟口

◎蒿子湖密司令部遗址

◎ 被服厂遗址

◎简陋的加工工具

的青年人，每天除了学习，还经常开展文化娱乐活动，大家一起学习唱革命歌曲《国际歌》、《红旗歌》等等。

周保中机智脱险

1938年2月末，东北抗日联军第七军军部里，抗联第二路军总指挥周保中正在向警卫员询问当时东北整个局势的发展情况。周保中听完汇报，慢慢地点燃烟斗，思索片刻后，说："局势发展到这种地步，我必须赶回总指挥部。"他马上命令警卫员把七军代理军长崔石泉（崔庸健）和其他几名军首长召集过来开紧急会议。

会议结束之后，屋子里只剩下周保中和崔军长两人，崔军长语气沉重地说："你是我们二路军的最高首长，责任非常重大。如果不要我们派人送，也一定要等五军来接。就这样带几个随行人员走，那太危险了。万一发生意外，不仅关系到你个人，而且还关系到整个革命事业。"日军和伪满政府很早以前就颁布出悬赏活捉周保中的告示。

周保中语气坚决地说："五军是我们二路军的主力，他们的安危直接关系到吉东的局势。敌人重点进攻五军，其用心是非常明显的。现在，五军正处于生死存亡的关头，我要对五军和吉东全体军民负责，即使有危险明天也要走。"

崔军长知道周保中心意已决，只说了句保重后就去给周保中准备随行的警卫。

第二天一大早，周保中带着警卫陶雨峰、副官乔树贵、军需卓文义、电报员孙绍堂等人到五军去。路上，一行七人冒着风雪，马不停蹄地向五军驻地赶路。下午5点左右，周保中等人距离临时宿营地上只有七八里路了。大家经过一整天的急行军，都很疲劳，希望能尽快到达宿营地。正当大家高高兴兴地催马狂奔时，前方突然出现两个身穿黄大衣的人，他们端着上了刺刀的步枪大声地吆喝道："喂，你们是送周指挥的吗？我们是奉命来接周指挥的。"

"是啊。我们是……"走在队伍前面的战士不假思索地回答。

没等他把话说完，周保中抢过话来，机警地说："是啊，我们是送周指挥的先头部队，他跟随大部队在后面，一会儿就到了。"

周保中说完向大家使了一个眼色，其余六人看到后装作若无其事地继续催马前进。周保中对着那两个士兵问："你们是哪个军的，是谁派你们来的?"

"我们是七军的，是崔军长派我们来的。"那两个士兵高声回答。

周保中等人听到对方这些话，得知敌人已经在附近设下了埋伏，但是他们不明白为什么敌人会知道周保中会经过这里!

同时，周保中等人不清楚敌人究竟在哪里、埋伏了多少部队，他们七个人，只带了一把马枪和几把手枪，整体战斗力和已经埋伏好的敌人相差悬殊，现在调转马头后撤很有可能成为敌人的靶子。周保中异常镇定，边催马前进边小声地说："别慌，沉住气，咱们来个将计就计，一会儿看情况再行动。"说完整了整上衣，大声说："周指挥幸亏和咱们走了这股道，若依照他原来的意见，和七军、四军去宝清支援五军，准会遇上敌人。"

队伍后面的一个战士若无其事地大声回答："可不是吗，真是巧啊!"周保中他们几个人随声附和地聊着。

那两个穿着黄大衣的敌人相信了他们刚才的话，收起枪向山背跑去。周保中等人警戒地看着四周，谨慎地催马前行。他们翻过一座小山岗后，隐约地看到附近小山头上以及山谷小道的两旁，早已布满了日伪军。山头上所有日伪军端着早已上好刺刀的步枪瞄着山口。在这万分危急的时刻，周保中依旧镇静，低声地说："同志们，现在情况非常危急，咱们已经进入敌人的包围圈了，我观察只有东南方向的火力比较小，大家做好突围的准备。党考验我们的时刻到了。"周保中在面对数倍于自己的敌人毫无惧色，他稳稳地坐在马上看着周围阴森森的枪口就像是在花园中赏花一般。周保中知道，大家现在心里都十分着急，他作为一名拥有丰富战斗经验的高级指挥官，现在这个队伍的主心骨，一定不能表现出一丝的慌张，这样只会让队伍丧失战斗的勇气和斗志。

山头上的日伪军分出了小部分士兵向周保中他们七个包围过来，突然周保中拔出手枪，沉着地说："同志们，沿着草甸子边的东南方向向前冲，冲出去就是胜利！"周保中话音刚落，战士们两腿用力一夹，马儿飞快地向前冲去。

这时，日军长官高喊："抓活的！这里面一定有周保中。"山上的日伪军胡乱放了几枪就向周保中他们围了过去。周保中他们利用日军想要抓活的，没有开枪射击的有利条件，催马快速地向前跑。就在这时，有人高喊一声："前头的那个大个子就是周保中！"原来是有叛徒的出卖，把周保中的路线告诉了日军。现在日军终于找到周保中了，他身边只有六个战士，肯定是要活捉回去，从周保中口中得到东北大部分抗日部队的位置，然后直接摧毁东北所有的抗日力量。周保中清楚地意识到了这一点，并利用日军的这种想法，直接带领大家催马狂奔出去。不一会儿，日军已经被甩下三四十米远了。日军军官在远处高喊着："给我捉活的！快点跑，谁先抓到赏他一千块大洋。神枪手给我把他们的战马射死。"

周保中他们的战马开始乱蹦乱跳。战马经过了一天的奔驰，到现在都没有休息过，现在在猛烈的枪声下，马儿受了惊吓。跟在周保中后边的卓文义、孙绍堂和许凤山，控制不住惊马，沿着草甸子右侧向西南方向冲去。一直在最前面开路的战士杨德龙已经跑得很远了。陶雨峰和乔树贵稍前，周保中紧跟在后面，三个人互相掩护向前奔跑。

突然，周保中从战马上掉了下来。乔树贵赶忙去抓空马，战马可是他们摆脱日伪军包围的主要工具。陶雨峰调转马头去找周保中，只

◎1935 年东北抗日同盟军第四军的部分战士在密营中的合影

见三四十个手持步枪的鬼子和伪军以扇形向周保中逼近，这样下去周保中被抓住是早晚的事。周保中毫无惧色地边射击边后退。陶雨峰立即跳下马背，端起步枪就向敌人猛烈射击，并故意高声喊道："咱们后面的援军来了，坚持住。"靠近周保中的几名鬼子被陶雨峰打死在地。陶雨峰找好位置，端着马枪狠狠地向敌人射击，掩护周保中迅速撤退。由于刚才陶雨峰机敏地喊了一声有援军，然后又击杀了几名鬼子，使得鬼子以为后面出现了主力部队，慌忙找地方掩护自己，令周保中能迅速地和敌人拉开距离。

鬼子明白自己中计时，周保中已经距离鬼子有七八十米远了。日军长官知道今天活捉周保中的梦想破灭了，命令部队全力射击，捉不到周保中人，也要让周保中的尸体留在这里。日伪军集中火力疯狂地向周保中和陶雨峰射击。陶雨峰被日军火力压制地抬不起头，他仔细地观察周围地形，瞅准机会来到草甸子边上一个小土包附近，向鬼子射击。陶雨峰还没打几枪，鬼子的机枪就朝小土包这边射击，敌人的子弹如同雨点般落在陶雨峰的周围，打得积雪、泥土四处飞溅。陶雨峰看见鬼子慢慢逼近自己，知道这里也不能再待下去了，只能靠着掩体向后撤退。

这时，远处草甸子西南方卓文义大喊一声："周将军，快往西边跑。"刚才卓文义三人被惊马带到草甸子西南方，卓文义被敌人打伤倒在那里。抗联战士都明白他这句话的意思，就是为了吸引敌人去西边，从而掩护周保中撤退。果然，有不少的鬼子向西边移动。周保中和陶雨峰趁此机会跑进不远的树林中。

陶雨峰打算在树林边缘阻击一下敌人，让周保中先走。周保中掏出手枪说："不行，要走一起走。"警卫陶雨峰着急地用手一个劲地推着周保中，恳切地说："快，快走，我的任务就是掩护你。快走，抗联第二路军还等着由你来指挥，将小鬼子赶出中国！快走。"周保中用力地握着陶雨峰的手，深情地看了一眼，便向树林深处跑去。陶雨峰趴在一颗大杨树根部，向树林外的敌人射击，尽可能地延缓敌人前进的脚步。警卫员唯一的一把长枪在这个时候充分地发挥了作用，鬼子几次企图冲过草甸子，都被陶雨峰用火力封锁住了。

天渐渐黑了，鬼子担心抗日联军的主力部队过来，对着黑漆漆的树林胡乱放了一阵枪就离开了。陶雨峰借着夜色立即撤退，在树林里寻找着周保中。不远处，周保中和乔树贵两个人正在研究如何离开这里去抗联七军军部，陶雨峰高兴地向他们跑去。由于大家的衣服全都湿透了，周保中寻找了一处树木比较茂密的地方生起一堆火，坐下来休息。警卫员在整理自己行囊时，发现身上携带的120发子弹，只剩下几颗了。正是因为抗联战士们不怕牺牲，勇敢战斗，战斗才能取得胜利。

第四章

白山黑水军魂曲

历史中最活跃的因素是人，人物性格中最具有震撼力的方面是他们面对艰难险阻和生死抉择所表现出来的勇气、胸怀、才智和品德。

在抗日战争中，有许许多多的同志为了人民的解放胜利，在东北富饶的土地上前赴后继，英勇奋斗，献出了他们宝贵的生命。

如果一个历史阶段没有英雄，缺失对英雄主义的赞颂，那么这段历史就缺少光彩，好比一杯没有味道的茶水。同样的，如果没有鲜活的风貌，人物则是空洞的躯壳。

战斗到最后的一分一秒——杨靖宇

杨靖宇（1905～1940），著名的抗日民族英雄，东北抗日联军主要创建人和领导人之一。原名马尚德，字骥生，河南确山人，回族，1927 年 6 月加入中国共产党，任中共抚顺特别支部书记，红军第三十二军南满游击队政治委员，东北人民革命军第一军独立师师长兼政委，东北抗日联军第一军军长兼政治委员，东北抗日联军第一路军总司令

◎杨靖宇（1905~1940），原名马尚德，字骥生，回族，河南省确山县人，中国共产党优秀党员，著名抗日民族英雄，鄂豫皖苏区及其红军的创始人之一，东北抗日联军的主要创建者和领导人之一。

兼政治委员。

杨靖宇率领东北抗日联军在密林雪原的艰苦环境中与敌寇血战，为全民抗战建立了具有战略意义的功绩。他本人以草根棉絮充饥战至最后一人的气概，在亿万国人心头树立起不朽的精神丰碑。多少年来在中华大地作为民族英雄的楷模广为传扬。

领导抚顺煤矿工人斗争

抚顺市是东北早期四大产业中心区域之一。1927 年产煤量达 760 多万吨，挖煤工人总数超过 4 万名。于是，抚顺市就形成了以采煤为主体的庞大的工人阶级队伍。

1929 年春，杨靖宇同志按照党中央的指示，到东北工作。中共满洲省委派他担任了抚顺市特别支部书记，组织领导工人运动。当时杨靖宇只有 24 岁，个字很高，身体消瘦，两只眼睛深邃而明亮。

杨靖宇一到抚顺，即在西露天矿当上了一名矿工。他和工人们一起下煤洞做工，一起吃住。开始，工人对他不了解，心存戒备。当时，工人的罢工斗争令日本人大伤脑筋，为此常常派出一些特务、密探，混进工人们中去，进行侦探和破坏。工人们吃过特务和密探的苦头，害怕上当，对于新来的人都是冷眼相待。杨靖宇曾经这样说过：“在白区搞工人运动，不能在工人之外，必须职业化，在工人之中，和工人同寝同食，同作同息，才能很好地了解工人，组织教育工人，领导工人斗争，自己也才能得到最好的保护。”

抚顺煤矿里的山东人多，杨靖宇就自报是山东省曹州府李庄人，和工人们以“老乡”相称。他每天和工人们一样下到潮湿阴暗的矿井里，干着又脏又累的苦活计，咽着又苦又涩的发霉腐臭的玉米面窝窝头。他急工人之所急，想工人之所想，事事都敲在工人的心窝子里。渐渐地，杨靖宇和工人熟悉起来，工人都亲切地称他“山东张”。他为人耿直，做事实在，和工人们推心置腹，并且乐于帮助别人，对工人们有股火辣辣的热乎劲。谁家有困难，哪家有什么难处的事情，都愿意找他给想办法、出主意。他成了矿坑里工人们的主心骨。

◎杨靖宇将军雕像

有一次，矿上的日本人贴出告示，无故裁减工人，使许多工人失业，失去饭碗。工人们十分愤怒，就去找杨靖宇想办法。杨靖宇对他们说：“下班之后，我再找几个人开会讨论怎么抗议。”

下班后，杨靖宇

悄悄地找了几个工人，商量罢工抗议，说："兄弟们，我们不能再这么忍气吞声了，不能让日本鬼子骑在我们的头上，我们要拿出力量来和鬼子较量一下！"大伙心里被说得热乎乎的。他接着说："我们工人的力量是大的，我们不能小瞧自己。我们每天刨出来的煤，日本鬼子用来开工厂、造机器；我们要不刨煤，鬼子的火车、轮船都寸步难行。他们的把头（类似于工头）、"大肚子"是刨不了煤的，我们矿工的这两只手是能够卡住日本鬼子的命根子的。过去，把头们为什么敢那么大胆地欺负我们，就是我们这两只手没有卡住他们！"

杨靖宇站起身来，把两只手握成拳头对着大家说："我们要团结起来相信自己的力量！"

杨靖宇的话，点燃了矿工们心中的怒火。一个姓王的矿工走上前去握住杨靖宇的拳头，说："老张，你指挥吧，我们以后听你的!"

"对，我们听你的！"大家纷纷站起来说。

杨靖宇又召集矿工代表开会，把罢工的时间、地点和具体分工做了安排。他说："我们要斗争，但是也要沉住气，要有步骤地干，要掌握主动权，打敌人也要打到节骨眼上！"

随着一阵长鸣的汽笛，矿上的罢工开始了。矿井里面给弄得乱七八糟；道岔子被搬上了死线，煤道上的车斗横躺竖卧。在杨靖宇的领导下，矿工们都扔下手里的工具，从井下坑道，从工棚住处，浩浩荡荡地奔向矿上的办公处，要求收回被裁减的工人，不准加班加点，增加工资。罢工的第一天，矿上不答应工人的要求。第二天，罢工再坚持。第三、第四天，矿工们的劲头更高。日本资本家害怕了，答应了工人们提出的条件。矿工们的罢工斗争取得了胜利。

在杨靖宇的积极努力下，中共抚顺特支重建起来，共青团抚顺特支也重建起来。抚顺市的党团组织迅速地恢复和发展起来。杨靖宇任中共抚顺特支书记。同时还建立了广泛联络群众的党团外围组织——"救济会"和"兄弟会"。矿区的工人运动不断发展，扩大到本溪、鞍

山等地。

由于在抚顺领导当地矿工罢工，杨靖宇曾两次入狱，备受日本警察署的严刑拷打。他坚贞不屈，始终不承认自己是共产党员和从事的活动。九·一八事变后经组织营救出狱，转任中共哈尔滨市委书记、满洲省委军委代理书记。

党和人民的好公仆

在哈尔滨工作期间，杨靖宇与周保中谈话时，讲过这样一段话："我们是反对旧礼教的，但是可以这样了解，把'天将降大任于斯人也'，改作劳动人民之寄希望于共产党，党之寄希望于共产党员也。'必先苦其心志，劳其筋骨，饿其体肤，空乏其身，行拂乱其所为'。那些在革命斗争中，经不起考验，而临阵脱逃的，有如朝露，见阳光即散失；有如秋草，经风霜即枯萎。一个普通的人都应该讲求'富贵不能淫，贫贱不能移，威武不能屈'，何况是共产党员呢？党员对党的革命事业必须具备'鞠躬尽瘁、死而后已'的精神。"

这一番话，铿锵有力，正是杨靖宇同志革命品格、崇高精神的写照。他在党的培养教育下，经历了血与火、生与死的严峻考验，已经逐步成长为一名坚强的无产阶级革命战士。

◎杨靖宇牺牲前住过的密营

1929年杨靖宇奉中共中央之命赴东北，任中共抚顺特别支部书记，丢下了河南老家的老母亲和妻子郭莲、儿子马从云、女儿马锦云。由于受他的牵连，母亲和妻子在贫病和国民党反动派的迫害中先后去世，一双儿女怀揣父亲照片在苦难中挣扎。

每当杨靖宇谈起家乡和亲人时，他的笑容全部收敛，凝视天空，发出一声轻微的叹息。可是，为了让全国人民永远摆脱饥寒交迫、颠沛流离、妻离子散的痛苦处境，他宁愿舍弃个人的一切。杨靖宇心目中始终装着人民，他把对亲人的爱无私地奉献给了人民。

有一次，杨靖宇带领部队准备在开原县境木林子伏击敌军，为了避免战后村民受到敌军的报复，部队改变了这次伏击计划，颇得群众拥护。杨靖宇教育全军："我们为了救中国、保卫老百姓而南征北战。平时行军住宿，爱护群众一草一木，尽可能地不打扰到百姓。"

1937年，杨靖宇为了尽量减少部队对百姓的干扰，亲自设计了帐篷在部队使用。杨靖宇带领部队每到一个地方，都要根据群众的呼声，铲除恶势力，并且带领部队帮助群众担水、劈柴、种地、秋收等。杨靖宇经常亲自拉犁，乡亲们见了都非常感动。

独立师在杨靖宇的领导和指挥下，以自己的行动赢得了人民群众的信赖和拥护，部队所到之处无不受到群众的热烈欢迎。他们热情为部队送水送饭，护理伤员，侦察带路，军民建立了融洽的鱼水关系。

◎杨靖宇遗物

战斗到生命最后一息

1939年冬，杨靖宇、魏拯民等在桦甸县的头道溜河召开南满省委、东北抗日联军第一路军的主要领导干部会议。这次会议分析了东南满地区抗日斗争日益严峻的形势，为保存实力，决定改变集团作战的方式，把部队化整为零，实行分散游击，粉碎敌人的冬季大“讨伐”。会后，杨靖宇率总部警卫旅迂回转战在通化、濛江、金川、辉南等地区，牵制敌军主力，以便掩护部队分兵和二、三方面军东移。

天气嘎嘎冷，抗联战士的棉衣又不齐，有的同志手脚都冻伤了。可是敌人的部队越集越密，“讨伐”越来越频繁。就在杨靖宇为解决棉衣问题召集各方面军负责人开会研究时，因叛徒出卖，在那尔轰的东北岔一带被岸谷隆一郎带领的日伪军层层包围，敌人的兵力达4万多人。天上有飞机，地上有机枪大炮，汽车来回运送粮食、弹药。在东北抗日联军第一路军的正面，敌人满山满谷。为了掩护各部队分头转移，杨靖宇带领警卫旅300多人在正面吸引住敌人，由机枪连开路，生生撕开一条口子。但是，当杨靖宇率领警卫旅经南泊子突围到了五金顶子时，敌人已经纠集了更多的兵力。甩掉一股敌人又遇上一股，杨靖宇部很难得到个休整的机会，杨靖宇身边的战士越来越少了。

夜里，气温降到摄氏零下40多度，冻得大树喀吧喀吧直响，粗大的树干冻裂了缝儿，人又怎能受得了！可是一生火，火光照出老远，青烟飘上林梢，敌人就会像一群绿头苍蝇一样扑上来。战士们只得不停地在雪地上蹦高，生怕坐下来再也起不来。更加困难的是没有吃的，不要说粮食了，连草也埋在两三尺深的积雪里，没法找，没法挖，战士们只好吃那难咽的树皮。先把老皮刮掉，把那层泛绿的嫩皮一片片削下来，放在嘴里嚼啊嚼啊，就是咽不下去。勉强吃下去了，肚子也不好受……

杨靖宇鼓励大家：“革命就像一堆火，看起来很小，可燃烧起来能烧红了天，照亮黑夜。革命，不管遇多大困难总会胜利的！”

通讯员黄生发把仅有的一块干粮拿出来，想烤烤给杨靖宇吃。杨靖宇说：“就这一点干粮，为什么给我吃呢？你搞碎了煮点汤给大家喝吧。”杨靖宇在生活上从不搞特殊，这一点大家都了解。黄生发只好拣了块破锅片，化雪水煮汤。他们围着火堆，同用一只小铜勺，轮着喝那点玉米汤，谁也不愿多喝一口。

杨靖宇看着大伙，满怀激情和信心地说：“敌人是搞不过我们的，就是我们这几个人死了，还有人继承我们的事业，革命总是要成功的。”

杨靖宇的声音不高，但每一字都扣动着每个人的心弦。杨靖宇，就是在最艰苦最危险的时刻，也从不气馁和动摇，伟大的共产主义理想激励着他勇往直前，誓死打败日本侵略者的信念，使他斗志更加昂扬。

敌人追击得越来越厉害，杨靖宇带领的六个战士有四个负了伤。他决定让这四个负伤的战士往回走，躲开敌人的追击，自己和另两个战士去前方找联络部队。战士们都不肯走，要与大家同生共死，战死沙场。杨靖宇坚持要他们离去，并且郑重地叮嘱说：“同志们，为了革命，我们要坚持到底。就是死，也不能泄露党的机密，也不能向敌人屈服。革命总是会胜利的！”杨靖宇站在一块岩石上，目送着那几名战士远去。

杨靖宇和聂东华、朱忠范一起，往濛江西排子走去。

1940 年 2 月 15 日，日伪军派出 600 人的讨伐队伍，去围剿杨靖宇几人。杨靖宇虽然几天没有吃饭了，但是身手依旧是那样敏捷。他利用地形，不断地开枪射击，600 多人的讨伐队，被杨靖宇他们拖得狼狈不堪。在早上出发时的 600 人讨伐队，不大工夫就剩下 300 名，慢慢地只有不到 100 人了。到了 16 日下午 2 点左右，不知不觉地仅仅剩下 50 名队员。在濛江县大北山屯东约三公里的朝抚公路上，杨靖宇他们终

于摆脱了日军的追击。

2 月 18 日，杨靖宇等三人已好多天没吃东西，又冷又饿，聂东华、朱忠范两名同志出去想搞点吃的。不幸，在大东沟苗条顶子炭窑被敌特发现，在战斗中，他们英勇牺牲。敌人从他们的身上搜出杨靖宇的一枚印章，断定杨靖宇就在附近，便把包围圈缩得更小了。

2 月 23 日上午，杨靖宇被一个上山砍柴的人告发。敌人迅速集结队伍，开动汽车，向保安村的方向驶去。敌人先包围了三道崴子，结果扑了空。原来杨靖宇见那家伙走后，恐怕有变，就下了山，沿着三道濛江河往上游走去。行不过一里路，就在一块卧牛石旁躺下休息，并把所有的文件全部烧毁。敌人顺着杨靖宇在雪地上留下的脚印追了上来，并对杨靖宇形成了包围攻势。

杨靖宇发现敌情，就凭借岩石沉着应战，两手各持一支手枪，向敌人不断射击。杨靖宇且战且退，最后在一棵大树下，凭借树干，向敌人还击。敌人的距离杨靖宇的位置越来越近，在还有三十米的地方停下来，并且停止射击，敌人想活捉杨靖宇，高声喊道："不要抵抗了，投降吧！"杨靖宇没有说话，手枪里的子弹已经代表了他的想法。只听见"砰"的一声，那个喊话的人就倒在雪地上了。敌人意识到活捉已经是不可能的，就开始向杨靖宇射击。激烈的战斗持续了 20 分钟。这时，几颗罪恶的子弹，穿进了杨靖宇的胸膛。杨靖宇手扶着树干慢慢滑倒在地上，他周围的雪花如同小姑娘的胭脂一般鲜红鲜红的。

◎杨靖宇殉难处

下午 4 时 30 分，杨靖年仅 35 岁。杨靖宇为国捐躯后，

◎1957年8月20日移送杨靖宇将军遗体大会合影

日本侵略者剖开了他的遗体，发现他的胃饿得变了形，里面除了尚未消化的草根和棉絮，竟然连一粒粮食都没有！壮士殒命，为争民族之气，这是何等坚强不屈的战士，连残暴的侵略者也震惊和被折服了。

为了抗日，虽死无悔——赵尚志

赵尚志（1908～1942），男，汉族，辽宁省朝阳人。1925年加入中国共产党。同年受党组织派遣南下广州考入黄埔军校第五期学习。1932年初，负责中国共产党满洲省委军委工作。1934年2月起，历任东北抗日联军司令、东北人民革命军第三军军长等职。1942年2月12日，被日军逮捕杀害。

赵尚志是东北抗日联军著名将领、抗日民族英雄、忠诚的共产主义战士。为了中华民族的生存、解放，他英勇无畏地与敌人奋战了一生。

赵尚志三个字，曾让侵华日军闻风丧胆，当年东北流传一种说法，叫“南杨北赵”。“南杨”指的是杨靖宇，“北赵”就是赵尚志。日军

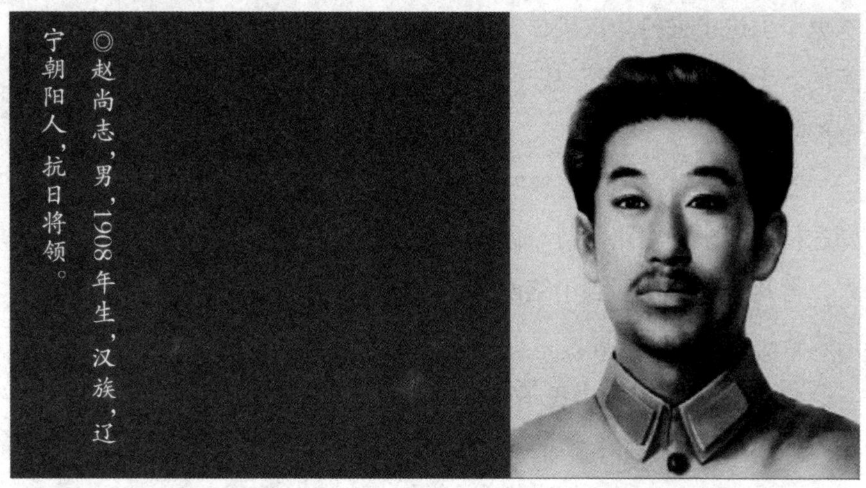

◎赵尚志，男，1908年生，汉族，辽宁朝阳人，抗日将领。

侵略者发出这样无奈而又钦佩的感慨："小小的'满洲国'，大大的赵尚志"。

冰趟子战斗——以少胜多大败日军

1937年3月初，寒风凛冽，冰雪层层覆盖着东北小兴安岭起伏的山林。

为打破敌人的"讨伐"计划，东北抗日联军第三军军长赵尚志率领骑兵和第六师张光迪部共200余人，从汤原根据地出发西征，到达海伦与通北交界的山里，与活动在这里的五师蔡近部会合。

部队刚刚住下，就有消息报来：日伪军800余人已进山"讨伐"，正向抗日联军奔袭而来。敌人前阻后追，军情十分紧急。在敌众我寡的情况下，赵尚志当机立断，马上集合部队，连夜火速向通北东山里转移。他决定，把敌人引进山里，寻机设伏，狠狠打击一下敌人的嚣张气焰，以摆脱敌人的追击。

战前，赵尚志动员说："现在的情况是前有各县讨伐大队的阻截，后有日寇和伪军的追击。敌人的目的很明显：一个是想把我们消灭，再一个是想把我们赶到大山里饿死、冻死，我们怎么办？我们要把日本鬼子引进山去打一次硬仗，让鬼子吃吃苦头，知道中国人民不是好惹的。大家说好不好？”战士们齐声说：“好！”赵尚志把手一挥，命令部队出发。

当部队来到一个山道狭窄，两侧山坡布满茂密树林的地方时，赵尚志指挥战士沿山路前行一段距离，在雪地上留下一行脚印为迷惑敌人，再兵分两路迂回到山路两侧稠密的树林中设伏，并将马匹牵到山后隐蔽起来，等待来敌。

没过多久，200 多个鬼子顺着脚印进入了东北抗日联军第三军伏击圈，赵尚志发出战斗命令，顿时枪声大作，打得鬼子晕头转向。鬼子疑惑：从雪地的脚印看，抗联还在往前走，怎么会突然从天而降呢？这时，东北抗联第三军的六挺机枪猛烈的向敌人扫射，鬼子兵被打得人仰马翻，鬼哭狼嚎，死的死，伤的伤。日军被打得节节败退，毫无招架之力，只能撤兵回城。

日军一名大尉军官当场被击毙，死伤 30 余人。战士们还缴获了一批武器弹药、毛毯等物品。东北抗日联军第三军只有一人伤亡。

赵尚志认真分析了形势，认为敌人决不会甘心失败，一定会调来大批军队再次反扑，进行报复。他决定部队迅速移动，把敌人引诱到

◎冰趟子战斗遗址纪念碑

山里，选好地势，再次伏击敌人。当部队来到一个叫“冰趟子”的地方时，赵尚志看了看地势，命令部队停止前进，打算在这里伏击日伪军。

“冰趟子”是因冬天附近的山泉水流在山丘下结成一片冰川而得名。山道上是泉水凝成的那片冰川，冰川上覆盖着一尺厚的积雪。山道两侧是连绵起伏的小山，山上长满低矮而稠密的杂木丛，是个打伏击的好战场。此处建有四幢伐木工人居住的木刻楞大房子，里面有用汽油桶做成的火炉。

在这里，赵尚志召开班以上干部会议。他说：“冰趟子这里地势不错，这四座大木营很坚固，可以固守；沟的两侧是山林，可以设伏；沟口很窄，可以截住敌人的退路，又可以打敌人的援兵。你们看到那边一片平坦的盖着一层白雪的冰川吧，只要我们能守住阵地，把日伪军引到冰川上，他们就像秃头上的虱子一样，无处藏身。总之，这里是一个进可攻、退可守的好战场。”

赵尚志决定在这里布置一个“口袋阵”，重创敌人，让日本鬼子再尝尝抗联战士的“铁拳”。他让大家抓紧在这里抢修工事，以迎接更大的战斗。干部、战士们分头行动，在四座大木营的每堵墙上都挖了一排排枪眼，院套的矮墙上也构筑了工事，还用冰雪浇注了交通壕。在山路南的沟林旁也布置了伏击阵地。战士们严阵以待，准备迎击来敌。

3 月 7 日傍晚，日军竹内部队守田大尉率日伪军 800 余人，沿山沟口向“冰趟子”方向赶来。面对装备精良，人数众多的日寇，全体抗联战士毫无畏惧，斗志高昂。赵尚志镇定自若地指挥战斗。当敌人进入东北抗联第三军布置好的伏击圈时，一群伪军首先被击退，伪军中队长毙命，其余的伪军扶着受伤的同伴连滚带爬地往回跑。接着约 200 名日军在机枪和炮火的掩护下，向木营凶猛地扑来。山路、冰层上布满了敌人。但敌人在冰川上站不住，走不稳，队形很快变得紊乱起来。抗日联军六挺机枪在这时猛烈地向敌人开火，子弹、手榴弹雨点般地

◎赵尚志雕像

飞向敌群。受伤的日本兵趴在冰面上继续射击。战斗异常激烈。随着敌人后援部队源源不断地增援战场，敌人更猛烈地发动了第二次、第三次进攻。为了牵制敌人，减轻正面部队压力，赵尚志派多股小部队，从两侧密林和北部河沟中拦腰突袭敌人。敌人仗着人多势众，武器精良，集中攻打正面木营。20多名日军一度占领了左侧一个木营。赵尚志大声命令少年连，趁日军立足未稳，坚决夺回这个阵地。少年连两个班战士，在排长赵有财的带领下，与敌人展开激烈的搏斗，左侧木营终于失而复得。

战斗一直从傍晚打到后半夜。日伪军的尸体一排排地盖满了山沟的冰面。夜里，严寒冻得拉不开枪栓，机枪打一阵就“哑巴”，士兵的手指头也冻得麻木不能弯曲勾扳机。战士们就轮流到木营里用铁桶炉子烤枪、取暖，然后再去出击敌人。而趴在冰洼雪地上的日本兵被冻得身体僵硬，无力进攻，枪声也渐渐稀疏。抗日联军主力依托地形优势越战越勇。此时，赵尚志估计到敌人将会在沟口逃跑，于是命令加强沟口堵击，不让敌人逃跑。果然，敌人在坚持了一会儿就开始向沟口方向撤退，我军在沟口处与敌激战一个小时，杀伤一大批后撤的敌人。

这次战斗击毙日伪军200余人，击伤、冻伤100余人。日军守田大尉等7名指挥官在战斗中被击毙。抗日联军缴获了大量枪支弹药和给养。

赵尚志以正确的指挥，充分利用天气时令、地形地物，抢先占领

狭长的山谷，并用重兵封锁隘口，以等待敌人的到来，在险峻之地，东北抗日联军抢先占领制高点，巧妙设伏，居高临下，打击敌人。同时，激发战士们英勇顽强的战斗精神，把握住了天时、地利、人和三者的统一，采取巧妙的伏击战术，最终战胜了装备精良，人数众多，由日军和伪军组成的讨伐部队。

宁肯死在东北抗日战场上

1937 年，赵尚志在北满积极领导抗联各部反击敌人重点“大讨伐”的斗争。日伪军不断地加强对于北满地区的经济封锁，企图掐断抗联的后勤来源，使抗联队伍处于一种孤悬敌后的状态。

赵尚志带领抗联队伍在极端艰苦的环境中开展抗日斗争。漫长的冬季，寒冷的气候，日本侵略者的残暴统治，汉奸、特务的疯狂破坏，使得抗联队伍与外界的联系日渐断绝，同中共中央的联系也中断了。敌人还在战斗中更换了枪械、子弹，使得抗联部队缴械武器弹药也不能使用。面对这种危急形势，北满临时省委决定，谋求苏联的军事援助，通过苏联共产党取得同中共中央的联系。

1937 年末，赵尚志等人奉命前往苏联。在刚踏上苏联的领土，就被苏联边防军关押。此时的赵尚志十分渴望返回东北战场，他想重新组织队伍驰骋疆场，打出个局面来，继续“光复东北，争取祖国自由”。为此，他不断地向苏联方面提出回去东北的请求。

◎赵尚志用过的枪

1941 年，德国挟雷霆之势，以其著名的闪电战术深入苏联领土。这时，苏联方面同意了赵尚志的请求，并且答应由他率领一支精悍的小部队去北满执行特殊任务：一旦日苏战争爆发，便去炸毁兴山（鹤岗）的发电厂和佳木斯至汤原间的铁路、桥梁，并配合苏方在小兴安岭、汤旺河流域老白山附近修建飞机降落场。苏方要求这支小部队过界三个月之后，不管情形如何，都必须回苏联。

赵尚志带领小分队经过四天高山密林中的艰苦跋涉，来到梧桐河上游老白山地区。在当地建立起抗日活动据点，隐蔽等待日苏战争爆发，以执行苏联交给的预定任务。两个月过去了，日本对苏联并没有什么特殊行动，也没有出现日苏战争爆发的迹象。

在这两个月的焦急等待中，赵尚志对苏联对形势的分析产生了怀疑，他决定不按计划返回苏联，如同发誓般对战友们说："宁肯死在东北抗日战场，也不回苏联!"此后，赵尚志带领小分队走出据点，在周围发展抗日武装。

1942 年 1 月上旬，敌人按计划选中特务刘德山伪装成收山货的老客潜入赵部。刘德山原是猎手出身，因其枪法好，人送外号"刘炮"。日寇田井久二郎命其以收皮子、山货为名潜入山中，活动于赵尚志行动的地区，如发现赵尚志就自愿参加他的部队，并以提供假情报来取得赵尚志的信任，找机会怂恿赵尚志袭击梧桐河金矿警察分驻所，将赵尚志引诱到梧桐河附近，一举"捕捉歼灭"之。刘德山进山没多长时间就碰到了赵尚志带领的队伍，由于赵尚志急于扩充队伍，开展武

◎赵尚志用过的皮包

◎赵尚志遇难处

装抗日，使得刘德山很容易混入抗日队伍中。

在刘德山伪装成山客窜入鹤立县北部山区后，为配合他的行动，伪鹤立县警备队警长穴泽武夫以下 16 人进驻鹤立县北部梧桐河，在所谓第一线地区担任警戒并搜集情报。1 月下旬，又派出王秀峰等 25 名特务由梧桐河附近进山，专做情报联络工作。

1942 年 2 月 12 日凌晨，赵尚志率领一支小分队，从老白山出发，向着梧桐河金矿方向行进。他们踏着厚厚的积雪，艰难地向前跋涉。当太阳偏西，快要来到一个叫“吕家菜园子”的地方时，刘德山招呼大家停下来休息。在人们进院子的那一刻，刘德山转身来到赵尚志的身后，举起步枪，“啪”的一声，赵尚志后腰下部中弹，倒在地上。此时，赵尚志立刻意识到这个刘德山是混进来的敌特奸细。他强忍剧痛，举起手枪，对准刘德山“啪啪”开了两枪，刘德山当即毙命。听到枪声，走在队伍后面的姜立新迅即跑上前来，急忙将赵尚志背进吕家菜园子的小屋里，给赵尚志止血包扎。赵尚志知道自己的伤势不轻，便把身上的文件交给姜立新，命令他迅速离开。8 个小时后，赵尚志的心脏停止了跳动，时年 34 岁。

伟大的抗日慈母——赵一曼

赵一曼（1905～1936），女，四川宜宾人，原名李坤泰，又名李一超。1926 年加入中国共产党。1927 年入武汉中央军事政治学校学习。同年去莫斯科中山大学学习。1928 年回国。九一八事变后到东北，任满洲省总工会组织部长、哈尔滨总工会代理书记、中共珠河中心县委委员兼铁北区委书记、东北人民革命军第三军第一师政委。1935 年 11 月在与日伪军作战时受伤被俘，在狱中坚贞不屈。1936 年 8 月 2 日在珠河被杀害。

红枪白马女政委

赵一曼受过良好的军事训练，经过长期革命斗争的锻炼，能文能武，胆量过人。她腰里常别着匣子枪，带领模范队、青年义勇军与敌人作战。

一天，赵一曼带着部队正在操练的时候，交通员急匆匆跑来报告，一队日本兵到珠河县铁北关门嘴子一带“讨伐”，要经过他们这里。

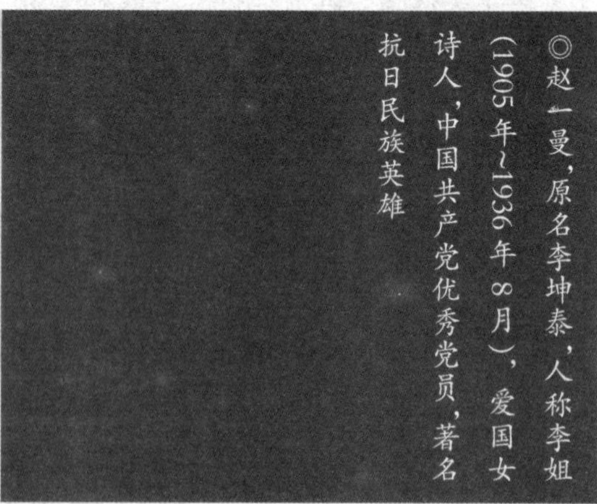

◎赵一曼，原名李坤泰，人称李姐（1905年~1936年8月），爱国女诗人，中国共产党优秀党员，著名抗日民族英雄

◎赵一曼红枪白马铜像

赵一曼把大家集合过来，说：“刚得到消息日军要从关门嘴经过。我决定咱们自卫队出去打他们一下，大家都来研究研究。”最终决定打伏击。她把队伍带到敌人必经的山路旁，埋伏在树丛中。过了一会儿，一个挎洋刀的日本鬼子军官骑着大马带领一队日本鬼子大摇大摆地走来。自卫队员们是第一次打鬼子。大家屏住呼吸，等待赵一曼的命令。当敌人全部走进伏击圈时，赵一曼大喊一声：“打！”快枪、土炮一起开火，日本鬼子军官一头栽到马下，惨叫一声，鬼子的队伍乱作一团，死的死，逃的逃。赵一曼又大喊道：“冲啊！”队员们跃身而起，一个个像离弦的箭冲向敌人，一举消灭十多个鬼子，缴获 20 多支枪，取得全胜。

这场伏击战大获全胜，自卫队员们喜气洋洋，士气大增。

有一次，五六百个敌人在候林乡附近将东北抗日联军第三军三团一部包围。虽然激战已经过去了数小时，由于敌众我寡，三团一部没能突围出去，情况危急。忽然敌人后方响起激烈的枪声，原来是赵一曼率领地方武装前来支援。由于她是从敌人的后方包抄进来的，打了敌人一个措手不及，使敌军首尾不得相顾。此时的赵一曼跨着白马，手里持着双枪，旋风般杀进敌阵，直向日伪军指挥部冲去。敌军怕遭受两面夹击，仓皇撤退，全军大乱。三团借此机会发起猛攻，不仅安全冲出了重围，还俘虏了不少敌人，反败为胜。

从此，赵一曼的名声在群众中更为响亮，先是在珠河根据地，后在整个哈东游击区，都流传着赵一曼白马双枪英勇杀敌的故事，群众都称赞她是“英姿飒爽，目光炯炯，身披大衣，腰系皮带，手执匣枪，威严如铁……文武双全的女指挥。”日伪军也称她“手持双枪，红装白马的密林之王。”

甘将热血沃中华

1935 年 11 月 15 日黎明，日军 500 余人把赵一曼部队 50 多人包围了起来。危急时刻，赵一曼以政委名义强令团长带队突围，自己留下一个班掩护。最后赵一曼大腿被子弹击穿，昏迷后被俘，押到哈尔滨。

当时，伪滨江省警务厅特务科外事股长大野泰治见赵一曼伤重，怕她很快死去，就连夜进行审讯。大野问她：“为什么要抗日？”赵一曼非常愤慨，义正词严地痛斥说：“我是中国人，日本军侵略中国以来的暴行，不是几句话能道尽的。如果你是中国人，对于日军目前在珠河县的行动将怎样想呢？中国人民反抗这样的日军，难道还用得着解释吗？我们中国人除了抗战外，别无出路。”

接连几天的审问，大野泰治没有一点收获。之后，他就像一头发了疯的野兽，用马鞭子不停地对着赵一曼抽打。阵阵剧痛，让赵一曼多次昏死过去，但她始终坚贞不屈，令大野泰治对她的百般折磨枉费心机。

为了从赵一曼口中了解抗联的活动情报，日寇决定把赵一曼从珠河县转到哈尔滨治疗和审问。到了哈尔滨，赵一曼被关进滨江省公署警务厅地下室看押。特务科的日本宪兵为了逼迫赵一曼供出抗联的机密和党的地下组织，用了多种手法，进行了各种尝试，不顾她的伤势，

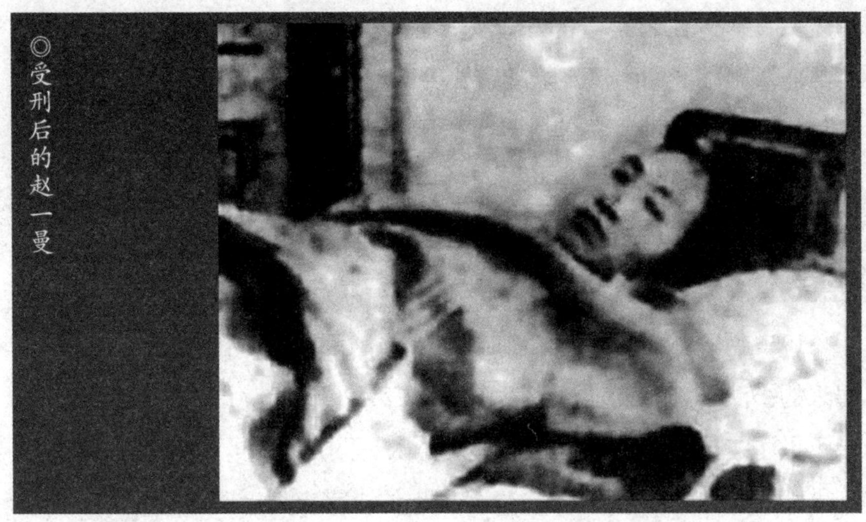
◎受刑后的赵一曼

施加残酷的拷打，可是她一直没有改变态度，甚至连续数天长时间轮番反复折磨，让她长时间疼痛难忍、汗如雨下却不能休息，使赵一曼的肉体和神经系统忍耐力超过生理疲劳的极限，妄图以此来摧垮赵一曼熬刑的意志，迫使赵一曼开口。

在长时间的刑讯中，赵一曼面对严厉拷问，一直用极度蔑视的目光狠狠地盯着日本鬼子，始终闭口不语，无论受到多少酷刑也从不开口喊叫一声。敌人不管用什么手段，都无法摧垮其坚强意志。

后来，因赵一曼伤处化脓严重，几度昏迷。在她生命垂危时，敌人担心她如死去将得不到口供，不得不把赵一曼送进哈尔滨市立第一医院监视治疗。赵一曼被单独关押在一楼左侧的第一个病房里，房间不大，只摆了一张大床，外面由警察 24 小时转流看守。

当时，赵一曼的伤势很重，身上有几处枪伤，其中腿和手腕上的伤最重。另外还有被日本人严刑拷打时用烙铁烙的伤，更甚的是，大腿和臀部有被敌人用棉花蘸煤油烧出的伤，很深，隐约可见白骨。

在医院里，赵一曼仍不忘争取和团结进步人士，宣传革命思想，她在《滨江述怀》里表白了自己的决心："誓志为人不为家，跨江渡海走天涯。男儿若是全都好，女子缘何分外差？未惜头颅新故国，甘将热血沃中华。白山黑水除敌寇，笑看旌旗红似花。”

赵一曼的精神深深地感动了周围的人，很多爱国人士都被她顽强的意志和抗日信念所感染。看守赵一曼的警察董宪勋、女护士韩勇义，都是具有正义感的青年。赵一曼向他们讲述抗联战士的事迹，两人深受感动，决定帮助赵一曼逃离日军魔掌。

1936 年 6 月 28 日，董宪勋与韩勇义将赵一曼背出医院送上了事先雇来的小汽车，顺利地逃出哈尔滨。6 月 29 日晨，日本宪兵发现赵一曼不见了，伪哈尔滨警察厅立即撒开人马四处搜查。6 月 30 日晨，赵一曼她们走到离游击区只有 20 多里地的李家屯附近时，不幸被日本宪兵追上，赵一曼再次落入敌人魔掌。

再次被捕后，敌人反复折磨了赵一曼一个月，但还是没有获得一点有关抗联的口供。伪滨江省警务厅决定把赵一曼送回她战斗过的珠河县处死“示众”。敌人把她押到珠河县，在公开处决前绑在一辆马车上游街。

在马车上，赵一曼撑起伤痛的身体，端坐在车上，望着街道两旁的同胞，激昂地唱起了她最喜爱的《红旗歌》：“民众的旗，血染的旗，收殓着战士的尸体，尸体没有僵硬，鲜血已染红了旗帜……高高举起呀！血红的旗，誓不战胜，终不放手。牢狱和断头台来就来你的，这是我们的告别歌！”

伟大的母亲

1936 年 8 月 2 日凌晨，赵一曼坐在被押往去珠河的火车上。赵一曼清楚地知道此行意味着什么。在生命的最后时刻，赵一曼最思念的就是自己的儿子。

当年临产时，赵一曼正在湖北宜昌做地下工作，把孩子生在了一个好心妇女的半间砖房中，并为儿子取名“宁儿”。为躲避警察抓捕，

◎赵一曼给儿子的信(手稿复制品)

◎赵一曼和儿子合影

赵一曼抱着十几天的婴儿，一路讨饭潜入上海，先到江西省委机关后回上海中央机关工作。九一八事变后，赵一曼主动要求到东北沦陷区工作，硬是把哭喊不止的一岁儿子送给丈夫的堂兄陈岳云做养子。在这么艰难的环境中拉扯大的孩子，让马上就要为国捐躯的母亲如何不想念！

在这最后时刻，赵一曼为远在江南，久未见面的孩子留下了催人泪下的遗言：

宁儿：

母亲对于你没有能尽到教育的责任，实在是遗憾的事情。母亲因为坚决地做了反满抗日的斗争，今天已经到了牺牲的前夕了。母亲和你在生前是永久没有再见的机会了。希望你，宁儿啊！赶快成人，来安慰你地下的母亲！我最亲爱的孩子啊！……母亲不用千言万语来教育你，就用实行来教育你。在你长大成人之后，希望不要忘记你的母亲是为国而牺牲的！

1936 年 8 月 2 日你的母亲赵一曼于车中

◎赵一曼烈士墓

赵一曼写完这字字千钧的绝笔后，静静地等待第一缕阳光的升起。1936 年 8 月 2 日，赵一曼在珠河就义，年仅 31 岁。

宁死不屈的女战士——八女投江

乌斯河畔牡丹江岸将来应有烈女标芳。

——周保中

1938 年春，日本帝国主义在不断扩大侵华战争的同时，也加紧了对东北抗日联军的围攻。在松花江下游地区，敌人集中了第四师团、第八师团、伪满靖安军和兴安军等共 5 万余人，向抗联第二路军各部发动了规模空前的“讨伐”。在“讨伐”中，敌伪采取了分割包围、“篦梳（细密的搜索）”进攻的战术。为了破坏抗联战士的生存条件，把他们活活困死，敌人还在抗联营地的周围实行“集家并屯”的政策，逼迫群众迁徙，实行经济管制。

在艰难困苦的条件下，东北抗日联军没有向侵略者屈服。为了冲破敌人的包围，抗联第二路军决定由牡丹江畔驻地向西部的五常、舒兰一带远征，开辟新的抗日根据地。

1938 年 5 月，抗联第二路军开始远征。7 月 2 日，抗联第二路军袭击了牡丹江沿的三道通之后，正式开始西征。

俗话说得好："巾帼不让须眉"。抗日战争是中华民族的战斗，不仅男人们要敢于上阵杀敌，女性同胞也在战场上当仁不让。

在这次西征的队伍中，有一支由 30 多位女战士组成的抗联妇女团。她们跟随第二路军第五军第一师行动，同男同志一道跋山涉水，肩并肩地战斗。战斗时，她们发挥了战斗员的作用；在打下敌人的村镇时，她们发挥了宣传员的作用；在行军间歇中，她们又发挥了服务员的作用。在西征军中，女同志是完成西征任务的一股重要力量。

◎矗立于牡丹江市江滨公园的八女投江英烈群雕

西征部队继续前进。随军西征的女同志也参加了攻打楼山镇的战斗，并取得了胜利。楼山镇战斗之后，第四军、第五军西征部队分路继续前进，两军的抗联妇女团合为一团，随第五军行动。

8 月中旬，抗联第五军经历了千难万险，终于到达五常县的冲河，与那里的抗联第十军会师。敌人很快发现了抗联部队的行踪，派重兵朝五常县抗联驻地发动了猛烈地进攻。战斗异常激烈，第五军第一师突出重围后，决定返回牡丹江畔，寻找第五军军部，汇报西征情况，进行休整。

妇女团在随第五军西征途中，历尽千辛万苦，艰难地行走在崇山峻岭中，随时遭遇敌人，发生一场场激烈恶战。这些英勇的抗联女战士大多数都因战斗或疾病牺牲在远征的途中，返回牡丹江畔时，全团仅剩下 8 人了。

10 月中旬的一天，队伍来到三家子北部乌斯浑河沿岸的柞木岗山下，晚上就露宿在这里。深秋季节的夜里分外凉，秋风刮着，很快把战士们身上几乎成了布条的单衣吹透了，寒冷侵袭着他们的肌肤。为了取暖，战士们拾来树枝，点燃一堆堆篝火，背靠背地坐下来，八位女战士相互依偎着，很快进入了梦乡。

第二天拂晓，正当抗联战士整装待发的时候，突然从柞木岗下传来了枪声。原来，祥子沟的汉奸葛海绿发现了山上的火光，连夜向当地日本守备队报告，带领日本守备队和伪军了扑过来。此刻，日伪军已经到了柞木岗下。

在这紧急的时刻，第五军一师指挥员为了女战士的安全，命令会游泳的金石峰参谋带着 8 名女战士先行渡河。当时的乌斯浑河正涨大水，原有的河床自然加宽，河水激流滚滚，岸边浪花飞溅，想要找到原来的渡河口已经很难了。

金石峰游到河对岸后，正用手势招呼女战士，突然枪声大作，敌人已向一师大队发起了进攻。一场恶战开始了。大队长一边组织火力

◎革命历史画《八女投江》

反击，一边指挥战士们向柞木岗山上撤退。

妇女团政委冷云指挥同志们做好了战斗准备。她把七名女战士们分成3个战斗小组，分别隐藏在柳条通后面。冷云发现大队要向柞木岗山上撤退的意思，为了减少大队的损失，尽快突围出去，冷云果断地向大家发出战斗命令："同志们，快！向敌人开火，把敌人引过来，让大队突围!"女战士们从各自隐蔽处同时向敌人开枪，决心把敌人吸引到河边方向，给大队的同志们创造突围的机会。

敌人发现河边有人射击，马上组织一部分人调转枪口，向河边扑来。冷云见敌人上钩，心中十分高兴。她带领女战士们继续向敌人射击，不断地击毙或击伤敌人。大队趁机发起冲锋，突破了敌人的包围。大队指挥员发现冷云带领7名女同志据守在河边向敌人射击时，立刻意识到她们的危险，于是命令部队停止撤退，调头向敌人发起冲锋，准备迎救妇女团的同志。不过，敌人很快发现了抗联大队的意图，再次用重机枪组成火力网，隔断了抗联大队与妇女团的联系。抗联大队虽然发起了几次冲锋，但终未能冲过敌人的火力网。冷云发现大队又调过头来援助她们，马上想到这样恋战下去的危险。当大队战士又一次向敌人发起冲锋的时候，8位女战士齐声高喊："同志们，冲出去!

保住手中枪，抗日到底!”她们一连喊了3次，声音一次比一次高。她们下定了“让大队冲出去，我们牺牲也值得”的决心。抗联战士听到了她们的喊声，心中像刀绞一样疼痛，实在不忍抛下她们撤退。然而，敌人装备精良，人多势众，大队连续两次冲锋都没有成功，负伤的战士越来越多。为了保存抗日力量，为了革命事业，指挥员含泪下令队伍向西山柞木岗的密林里撤去。

敌人见抗联大队已撤回密林里，想尾追上去，牵制住它已不可能，就集中兵力向冷云她们猛扑过来。他们凭借人多势众，由远而近，步步紧逼，打算活捉妇女团。

这8位女战士都是经历过严酷斗争考验的战士，都是坚强的革命战士。她们决心追随牺牲的战友，为中华民族的解放事业，献上一腔热血，献上年轻的生命。

敌人狂喊着冲了上来，8位女战士沉着应战。她们不断地从灌柳丛后面向敌人射击。8支轻武器确实挡不住像狼群般冲上来的敌人。敌人很快就冲到了她们面前。冷云让大家准备手榴弹，等到冲在前面的敌人快接近柳条通的时候，她大喊一声：“扔!”四颗手榴弹同时飞向敌群。敌人来不及躲藏，只听几声巨响，冲在前面的敌人血肉横飞，死的死，伤的伤，剩下的也都吓得趴在了地上。遭到迎头痛击的敌人摸不透柳条通里的具体情况，没敢再发动冲锋，只好趴在地上用机枪疯狂地向河边的灌柳丛扫射。

敌人还使用迫击炮，对着这8位女战士的阵地就是一阵狂轰滥炸。在炮火的掩护下，敌人从三面逼向河边，气势汹汹，甚为猛烈。女战士们一面向敌人射击，一面准备好手榴弹。她们的子弹很快打光了。敌人乘机涌过来，八名女战士把8颗手榴弹投向了3个方向，冲上来的敌人又被炸倒了一片。在爆炸后浓烟掩护下，女战士们搀扶着伤员向河沿退去。

周围被敌人团团包围，背后是水流湍急的乌斯浑河。女战士意识

到，她们都不会游泳，眼下就只有两条路了，战死或被俘。

面临生与死的抉择，女战士们没有丝毫犹豫。冷云望着同志们，同志们望着冷云。冷云坚定地说："同志们！我们是抗联的战士，我们宁死也不能做俘虏！虽然我们没有子弹了，但是我们还要用自己的生命去与敌人作最后的抗争。乌斯浑河就是考验我们意志的战场，无论谁渡过河去，都要继续抗日，为牺牲的战友报仇。渡不过去，为祖国的解放事业而死，是我们最大的光荣！"

◎八女投江纪念地

"一定要过河！宁可站着死，决不跪着生！"女战士们坚决地响应。

冷云、安顺福和杨桂珍猛然向前冲出，用力把最后 3 颗手榴弹甩进了敌群，敌人被炸倒了一片。8 位女战士搀伤相扶踏进了乌斯浑河。水深浪急，波涛汹涌，女战士们听到敌人的嚷叫，毫不理睬，继续昂着头挺着胸膛，高唱着《国际歌》，一步一步向河中心走去。

敌人更加疯狂了，子弹从女战士们身后追来，从头上、从身边呼啸而过。同时，敌人又架起了迫击炮向河面上轰击。她们一会儿躺倒在水中，一会儿挣扎起来，急流冲得她们立身不稳。突然，敌人的一排炮弹落在她们的身旁。在巨大的爆炸声中，乌斯浑河面上掀起了几根高高的水柱。巨浪过后，再也见不到女英雄们的身影，余下的是一片浪花奔腾。抗日联军的 8 位女英雄，在乌斯浑河的激流中壮烈牺牲。她们为中华民族的解放事业献出了年轻的生命，她们中最大的 25 岁，最小的只有 13 岁。她们实现了自己的诺言："宁可站着死！决不跪着生！"

人如枪高，胆如象大——姜墨林

姜墨林（1921～1940），男，汉族。出生在吉林省宁安县（今黑龙江省宁安县）红土墙子村一个农民家庭，自幼失去双亲。11岁时，参加了共产党领导的地下组织中国共产主义儿童团。13岁时，调入中共游击队。1938年8月，党组织送姜墨林去苏联学习。回国后，他单独率领小部队坚持抗日斗争。1940年深秋在战斗中壮烈牺牲，年仅19岁。

年少小英雄

1931年九一八事变后，姜墨林接受了抗日救国的思想。1932年，自己刚满11岁时，他就参加了中国共产党领导的地下组织“中国共产主义儿童团”。姜墨林在共产党的培养教育下，很快把抗日复仇的朴素愿望，变成了抗日救国的宏大理想，决心为中华民族的解放事业而努力奋斗。他虽然人小，胆子却特别的大，又聪明伶俐，还特别的机智勇敢。在党的培养和教育下，姜墨林通过革命斗争的锻炼和考验，逐渐成为一名爱憎分明、勇敢无畏的坚强战士。

◎姜墨林

党的地下组织经常派遣姜墨林到日军所占领的地区做侦察工作，或者同那里的地下党组织进行联系。在日军的控制地区，姜墨林每次都巧妙地摆脱敌人的纠缠，圆满完成党组织交给他的任务。

很快，姜墨林成为一名优秀的儿童团员，同志们和乡亲们都十分喜欢这个孩子。

渐渐地，姜墨林的名声在家乡传扬开来，鬼子和汉奸也都知道了他，派兵到处逮捕他。

这时，地下党组织为了保护姜墨林，派宁安县委领导同志把他找来，假装严肃地对他说："姜墨林同志，你现在的名声闹得太大了，小鬼子要派兵来抓你。"

姜墨林毫不在意地说："我不怕，他们是抓不到我的，他们敢来我就消灭他们。"

县委领导同志被他给说得笑了起来。

"小兔崽子，好样的，但是也不要轻敌，这样容易闯祸，对敌人要有策略。我给你换个地方，到咱们部队里去，去那里做更多的抗日任务。"县委领导语重心长地对他说。

1935 年初，14 岁的姜墨林参加了中国共产党直接领导的吉东抗日同盟军绥宁游击队，同时被批准加入"中国共产党青年团"。

姜墨林兴冲冲地来到部队，当他报到的时候，却听见接待的战士们这样议论他："县委怎么送来了一个小孩子啊？这孩子还没有枪高呢。"

"要是打起仗来，枪一响还不得把他给吓哭了！"

"就算他拿得起枪，也打不准啊，就是浪费咱们的子弹。"

姜墨林听到这些冷嘲热讽，脸涨得通红通红，心里的滋味别提多难受了。姜墨林鼓足劲头，在学习文化知识上，刻苦努力，3 个月后就认识了一千多个字，半年后就会写文章和书信了。在军事训练上，他起早贪黑，勤学苦练，很快就熟悉了各种武器的使用，机枪、步枪射击准确，投掷手榴弹都快和老战士一样了。姜墨林这种上进的精神，得到了周围同志们的一致认可，战士们都很喜欢这个小战士。

没过多久，姜墨林就参加了一次抗日战斗。战场上的他像一只小老虎，机灵勇猛。

有一天，在镜泊湖北面的杨胖子沟，抗日联军第五军一支三四百人的队伍，同兵力相等的日军接上了火。姜墨林看到敌人没有一丝慌张，马上找到掩体藏在后面，对着一个鬼子就是一枪。旁边有个战士喊道："小墨林，好样的，一枪就打死一个。"然后，姜墨林盯上了手拿膏药旗的鬼子军官，摸出身上的手榴弹就朝他扔了过去。随着一声爆炸，鬼子军官倒了下去。

战斗结束后，部队召开评功会。战士们七嘴八舌地夸着姜墨林，这个说："人如枪高，胆如象大！"那个讲："初出茅庐，后生可畏！"大家一致认为，姜墨林的功劳大。

此战过后，再也没有人敢小看姜墨林。他在人们的心目里已不再是一个小孩，而是一个勇猛善战的真正战士了。

最后一颗子弹留给了自己

1940 年秋天，由于斗争的需要，姜墨林率部从牡丹江以西向东转移，准备到绥芬河大青山一带开辟游击战场。

到乜河镇时，姜墨林派人侦察后得知，乜河镇南边有一个敌人据点，驻有日本侵略军 20 余人，远离敌人的大队人马。深夜，姜墨林率领队伍悄悄地向据点摸去。敌人刚刚进入梦乡，毫无防御准备。突然枪声大作，顿时火光一片，姜墨林率领战士向据点猛冲过去。用了不到半个小时，据点里的鬼子全部被消灭掉了，日军的一个据点就被这样摧毁了。

随后，姜墨林没有一丝犹豫地率领小部队离开这里，向东行进。当镇上的敌人赶来援救时，姜墨林的队伍早已无影无踪了。敌人又纠集了几十名骑兵，向姜墨林率领的小部队追击而去。

姜墨林发现后面敌人正在搜索和追击他们，决定立即改变行军方向，从东北转向东南，向东宁县南部大山转移。

当部队到达东宁县西面的二十八道河子时，姜墨林突然发现部队被敌人包围在河谷里。敌人从四面八方向他们涌了过来。姜墨林临危不惧，当即命令战士们就地战斗，激烈的战斗打响了。

由于敌我兵力相差太多，姜墨林知道这次很难冲出敌人的包围，同几位共产党员商量决定烧毁文件，砸碎电台。在敌人疯狂的攻击下，抗联战士们寡不敌众，相继牺牲。

最后，连姜墨林在内只剩下4个人，其中还有两名战士负伤了，姜墨林从战友的尸体旁捡起机枪，瞄准疯狂的敌人，一边狠狠地扫射，一边命令其余三名战士："你们三个人，不管负伤没有，立刻突围！这里由我一人顶着。不管怎样，你们要活下来，回去报告总指挥。"3个战士谁也不愿意丢下队长。姜墨林这时急了，喊道："你们快走，总得有个人回去报信！这是命令，快跑！即使我牺牲了，党领导的抗日战争也必定会胜利的……"突然，一颗敌人的子弹打在了姜墨林的腿上。姜墨林顾不得给自己包扎伤口，端起机枪对着敌人就是一阵猛烈的射击，向3名战士喊道："快！立即撤退！执行命

◎抗日联军英勇打击日寇情景再现(抗联纪念馆壁画)

令！”3 名战士只好转身，顺着水沟往外跑。但是在突围的时候，有一名负伤的战士不幸牺牲，其余两名战士冲了出去。

机枪的子弹很快打光了。看着冲上来的敌人，姜墨林把机枪卸开一件一件的扔进了河里，又从怀中掏出一支驳壳枪。面对狰狞的敌人，姜墨林毫无惧色，瞄准最前面的敌人，一枪打倒一个。消灭几十个敌人之后，他忍着伤口的剧痛，咬紧牙关从地上站起来，把最后一颗子弹射进了自己的胸膛。就这样，这位年仅 19 周岁的小英雄姜墨林壮烈牺牲了。

小鬼子们一窝蜂地跑过来，拿起刺刀对着姜墨林的尸体乱扎一通。后面的鬼子军官喊道：“住手，你们为什么不抓活的？真是可惜了！”小鬼子们在姜墨林的遗体上发现了一张纸条，以为是什么重要文件了，急忙打开，上面是红铅笔写着“中国必兴，日寇必亡！中国共产党万岁！抗日救国胜利万岁！”鬼子军官气急败坏地命令士兵将姜墨林的尸体抛进了二十八道河子。

第五章

亲历与回忆

惊心动魄的战斗，地下斗争的艰苦，奋勇不息的抗争……这一幕幕的场景都存在于老一辈革命战士的回忆中。东北抗日战争亲历者的回忆是我们去解读那段艰苦岁月最有力的资料，也是我们最宝贵的精神财富。

回望东北抗战14年的时间，多少英雄豪杰为世人讲述中华儿女宁死不屈的信仰。

周保中：东北抗日联军抗击日本侵略者

周保中（1902~1964），云南大理人，原名奚李元，字绍璜。白族。1926年任国民革命军团长、副师长。1927年加入中国共产党。1928年在中共中央军委工作。1929年至1931年在苏联学习。回国后历任中共满洲省委军委书记、吉东省委书记、东北抗日联军第五军军长、第二路军总指挥。

◎周保中

1964年2月22日在北京病逝。周保中是东北抗日联军主要创建人和杰出领导人。毛泽东曾称赞说："保中同志在东北十四年抗日救国斗争中写下了可歌可泣的诗篇。"

敦化寒葱沟伏击战

1936年3月，抗联二军政治委员魏拯民，在敦化马号附近与军长王德泰、政治部主任李学忠，还有一、三、四各师干部，开过了东满省委会议，扩编二军为4个师，规划了游击活动任务；第三师暂留敦化、延吉地区进行游击活动：第一、四两师向安图、桦甸地区移动，作进攻安图县的准备。首先必须拔除控制敦化、安图、桦甸三县交界的大蒲柴河的敌人据点，但是必然引起敦化敌人的增援。于是决定，先在敦化以南地区命第三师展开积极活动，引诱敦化敌人。并派小部队在大蒲柴河、腰岔子等地作攻击大蒲柴河的活动。把主力一、四两师约1100余人秘密控制在敦化玉皇庙、一棵松一带，准备相机打击敦化出援之敌。

2月7日，敦化日寇500余人，伪警察大队250余人果然出动，当天晚上进至马号宿营。经我军探明：敌军将继续向大蒲柴河前进，准备在那里短期驻扎"搜剿"。

2月7日晚，我第一、四两师向寒葱沟移动，拂晓到达岭顶，在北山坡大道两旁，利用森林障蔽，依大树和深沟作掩体，各距离约30至50米，布置了伏兵。我第三师十团、十二团亦同时向寒葱沟日移动，准备封锁沟口。

2月8日上午9时30分，寇军尖兵六七十名，进至寒葱沟口附近搜索，并未发现我军踪迹。日寇在前，警察大队在后，陆续沿着曲折的山道上山，往寒葱沟岭顶前进。正午，敌军完全进入我伏兵线内，尖兵进至距山岭半里，我军土地雷忽然沿大道同时爆炸，伏兵一齐开枪，经十分钟的工夫，尖兵全部被打死炸死，狼藉满道。我三师十、

◎1938年东北抗日联军第二路军正式成立后，周保中任总指挥兼政治委员，赵尚志任副总指挥，崔石泉任参谋长。图为密营中的抗联第二路军部分战士合影

十二两团，在山下封锁了沟口，并向伪军猛烈射击。激战约一小时，伪军200余人除被打死十数人，其余全被缴械。并将敌兵运输弹药给养军需品的民伕队300余人完全卡住。此时寇军主力400余人，沿路卧倒，死力抵抗。我军组织交叉火力，猛烈射击敌人，并掩护冲锋队前进。激战至下午3时，我军第二次冲锋与顽抗之敌肉搏格斗。敌军死伤过半，残部向山下狂奔，又被我军三师部队截击一阵，敌人仅剩下170余名，向马号方向逃窜。

下午4时，战斗胜利结束。共击毙寇军350余人，伤50余人，被俘70名。伪军全部消灭。缴获长枪500余支，轻机16挺，步兵炮4门，狙击炮6门，无线电通讯机两部，其他弹药粮食甚多。我军姜指导员、张连长以下26名阵亡，伤10余人。

2月9日，我军进行整顿，仍留三师在敦化东南地区活动。军部直属队及一、四两师，10日晚11时，自寒葱沟岭顶出发，分两路南走，准备乘胜夺取大蒲柴河。军直属队及四师部队主攻大蒲柴河，一师两个团经腰岔绕至大蒲柴河伪警察大队防所西方，沿富尔河设伏，以防敌人向西退逃。10日，拂晓5时，我军主攻部队直迫大蒲柴河东口，将防所攻下。另一部攻下小街西北敌人大部防所。伪大队长率两个中队，果然沿富尔河上游逃遁，为我一师伏兵截击，除伪大队长带亲随数人落荒逃脱以外，全部被俘缴械。此次战役，击毙伪军官兵8人，伤3人，共俘虏伪警察大队200人，自卫团60人。

我军拔除了敌人据点，一连住了5天，召开群众大会，宣传抗日救国，组织地下工作，散发敌伪仓库存粮，清除走狗特务等等。

经过寒葱沟战役，寇军再不作加强大蒲柴河据点的打算，仅仅派了几名日本特务利用反动地主武装组织“自卫”，反动地主头子也耍两面手法，既敷衍寇军，也讨好抗联，使大蒲柴河在我辽吉边区形成“中间地带”，达两年之久。

猛攻抚松城

抚松县城住有寇军250人，另有敌企业人员（带有武装）20余人和伪警察大队约500人。日伪军经常出扰，阻碍我第一军和第二军的联络。1936年4月中旬，我二军军部放弃了进攻安图的原定计划，将主力第一、四两师及军属警卫团由富尔河，汉阳沟渡过松花江，向万良河、清江甸子、大苇沙河一带移动，准备进攻抚松县城。进攻部队除二军主力1500余人以外，还有救国军司令吴义成、李洪滨部队约600余人参加。5月15日，我二军主力分两路沿头道江上溯。一路于19日绕至抚松城南山，一鼓作气先将南山少数守军扫除，占领了南山高地，逐渐扩张占领了东山。救国军部队已从黄泥河于西进到达河义沟附近。此时敌军将街外据点收缩，以西大街和南街口为抵抗核心，构筑工事，加强城围防御，作固守待援的准备。

我军以全歼敌人占领城市为目的，把主攻方向放在城南和城西。5月20日，拂晓4时，我东南山阵地三门迫击炮同时开火，集中射击街西和街南敌防御阵地。敌人迫击炮亦自城内阵地向我回击。攻击部队同时迫近城围施行火力猛攻。激战至九时，我南面及东面攻击部队将敌城攻破，突入南街口及东街口。敌人退据县衙门和大队部以及西大街，顽强抵抗。敌人几次反击，均被我击退，我各突击队步步逼近守敌。下午1时战斗进行得越加激烈，敌人欺我迫击炮早已不响，诱我大量消耗子弹，一再举行局部反攻。魏拯民政委留在南山指挥所，王德泰军长、李学忠政治部主任亲自率领预备队警卫团350余人加入突击战斗，前进至市口中心，攻击县衙守敌，打死伪大队长后，转向西街寇军抵抗中心。此时我城东攻击部队亦绕至街北攻入北大街，敌守

◎抗联攻城油画

军伪警察大队被我缴械俘虏者380名，其余全部被打死打伤。寇军受重创，缩至西街，继续顽抗。战斗到下午3时，西街的3个寇军据点全被我军攻破，寇军嚎啕惨叫不绝，所剩无几。下午5时，敌人停止抵抗，寇军官兵被我击毙者220人，活着的30余人及武装起义人员14人被我俘虏。伪县长及日本指导官逃跑。监狱里各种“犯人”300余人被我释放。

猛攻激战，当日胜利结束，除了消灭全部寇军外，还虏获轻重武器及其他胜利品甚多。

战斗至中午，虽然敌机四架轮番在抚松上空向城外我军扫射，但并无损伤。敌人期待濛江方面增援落空。

我军在突击战斗中，军政治部主任李学忠同志、一师政治部主任周树东同志阵亡。团长负重伤者2人，轻伤者1人，营以下干部和战士阵亡者55人，重伤者10人。

此次战役，联军声威大振。寇军经过数日之后，才由濛江调警卫旅一个团，收拾残局，重新布防，但不敢远出骚扰了。

战役胜利，收获虽大，但对伪军抵抗程度估计不足，以至激战延长整日。我方伤亡重要干部和很多战士，这不能不是一个教训。

待马沟——水平站袭击列车

1936年9月10日，我二、五军联队，从牡丹江市地下组织得到机密情报称：两日内日军将有特别货车一列，傍晚5时左右由牡丹江东站出发，开赴绥芬河国境。该列车由日伪兵混合队护车，兵力不详，但不会很多，估计晚七时该列车到十站（磨刀石站），中途稍停即继续东开。

当时我五军一师政治部主任张中华，二军二师副师长兼四团长侯国忠，在十站以南接获情报后，研究情报，估计敌人护车部队至多不到400人，预想设伏兵袭击该列车。

我二军二师四团的一、二、四、六、七连及五军警卫营一、二连约450人为主力，附轻机12挺，狙击炮4门，还有反日山林队黑山部队100名配合（该队特别熟悉地形）。

9月11日晚，我军轻装急行军，由十站南沟向预期设伏目的地待马沟车站方向移动。在森林中，经一昼夜的隐蔽行军，于9月12日上午4时到了距待马沟车站十里左右之南山休息待机，傍晚，张主任和侯副师长详细侦察了地形，并拟出初步计划之后，召集各连党员干部开会讨论，决定在待马沟东七里水平站附近设伏兵袭击夜间通过的列车。入夜，该部队进入水平站附近，进行编组。将二、五军的各连编为4个战斗队。黑山队员分散配属在4个队里为向导。水平站以西铁路两侧地形险要，构成一条深谷，铁道从西往东经过谷底。铁道北侧约一里长的石砬子，顶巅距路面虽然不过60米，但斜面颇为峭峻，为风化岩石，起伏蜿蜒，地形错杂，三个战斗队即埋伏在这一线上，另一战斗队以错角方向配置在铁道南侧为断绝地。预计将敌人列车颠覆在这里，伏兵准备以猛烈火力消灭抵抗的敌人。

一切伏兵都部署好了，并将铁道外侧线上的道钉转松了。果然16日夜晚8时40分，敌人火车从西向东急驶。火车到达破坏处，只听轰隆一声巨响，火车前大半部脱轨颠覆，向路南断绝地倾倒。道北我伏兵一阵猛烈火力射击，我两个战斗队向未倾倒的列车前进。但已经判明，倾倒的前半部列车为日寇军，未倾倒的后半部列车为伪满军和军马车。于是我军高喊“中国人不打中国人，专打日本兵”。伪军慑伏车中不敢动弹。日军仓皇应战，有的在车中，有的在铁道上死力抵抗，但终于被我火力压迫于断绝地深沟里。敌仍然拼命抵抗，部分发生肉搏战。激战到半夜12时，日寇抵抗渐渐薄弱，我军估计牡丹江、七河等处日寇敌兵可能增援，战斗持续过久，反而不利，于是南北两面的我军各突击队于黑暗中向残敌猛冲前进，用炽盛火力消灭陷于深沟中的寇兵，并将潜伏在火车厢中的伪军百余名如数俘获缴械。同时收缴被击毙的日寇武装弹药，举火焚烧了火车。我军于17日夜1时撤离战斗，释放俘虏，携带着胜利品，向铁道南泉眼河方向迅速撤走。

此次战斗极为激烈，达5小时之久，敌人遭到沉重打击。除隐藏在深沟里的50余人寇兵得以幸免，共击毙日寇190余人，伤50余人。焚烧满载军用建筑物资的火车一列，击毙军马160匹。虏获步枪354支，手枪8支，轻机10挺，狙击炮3门，步兵炮一门，子弹5万余粒。将不能带走的敌人遗弃的武器、装具、器材悉数焚毁。

肉搏战斗中，我二军四团七连连长（模范连长）张颜明、队员梁洪章、张发思等9人阵亡，负伤12人，失踪1人。

这次战斗的特点：第一，估计正确。虽然牡丹江送出的情报没有说明列车上的兵力，但张主任、侯副师长根据条件和辅助情报推断，该列车不论日军或伪军至多不会超过400人；第二，选择颠覆列车的地点和破坏铁道的方法非常恰当。水平站地形良好，适宜设伏，该地西距七河站、十站50里到70里，东距老穆棱站三四十里，到小绥芬河国境线站不到百里，沿站驻有较大兵力的日寇守备队，平时防备较严，敌人“志骄意得”没有设想到我军敢于突然出现，设伏阻击；第三，在列车颠覆后，战斗接触时即用密集火力猛冲猛打，使敌人不能有效的反抗；第四，行动隐蔽、机敏，事先兵力运动，敌人毫无所知；第五，伏兵布置周到，战斗动作快捷勇猛，虽然在夜间作战，但是我方火力联络与行动衔接有条不紊，收到了预期的战斗效果，消除了由于对敌寇兵力和抵抗程度估计不足所产生的缺点。

大盘道伏击战斗

1937年1月驻后刁翎街的日寇步兵370余人，准备向林口撤走，勒令居民出爬犁（雪橇）200余张。消息经地方抗日救国会秘密通知我五军。五军军长柴世荣同志就直接收集情报综合研究，认为后刁翎日寇700余名，约一半多兵力在严寒的季节向林口移动，要是利用爬犁，行驶迅速，至多只要七八十张就够用的了。现在日寇征发爬犁 200 张以上，必定是输送军用物资，其行动不是轻捷，而是笨重。柴世荣同志决心指挥五军二师杨绍成同志的第五团全部及军部警卫营、青年义勇军和妇女团，共 800 余名兵力，于 1 月 27 日夜晚，自徐家屯附近秘密移动。28 日午前四时到达大盘道山上。柴军长亲自部署：第五团及警卫营占领大道两旁柳条沟和山坡上的隐蔽阵地；军部和青年义勇军、妇女团控制在大盘道北面蛤蟆塘山上。埋伏袭击的准备一切都停妥了。鹅毛大雪满天乱飞，冰雪覆盖着大地。我们的战士静悄悄地潜伏在用冰雪筑成的掩体后面，忍受着刺入肌肤的猛烈朔风。从上午 7 时到正午，还不见敌人的踪影，各部队战士们出现难以忍耐的样子，有的同志埋怨说："白来挨冻，哪来的敌人。"柴军长传令："忍耐着，鱼儿一定来上钩的，出其不意攻其不备，若发现敌人，听从指挥，猛打猛冲。"

果然，午后零时 30 分从北方传来"吱吱嘎嘎"的声响，我们的战士立刻精神振作，全神贯注地瞅着远方的公路。不一会儿，敌人的尖兵 50 人，坐着八九张爬犁，弯弯曲曲地向盘道上前进。看样子，敌人冻得缩手缩脚的，顾不及警戒搜索了。尖兵过后，敌军大队一张爬犁接着一张爬犁地拥挤前进，都进入了我军的"口袋"。然而敌人什么也没有发觉。午后 1 时，大盘道西山上的指挥所突然发出信号枪声，指战员们紧张地投入了战斗。枪声、手榴弹的爆炸声震天价响。日寇被打得人仰马倒、爬犁翻倒。许多寇军还没有反应过来，就已毙命了。有的在公路上狼狈奔窜，还有的顽固抵抗。战士们端着刺刀勇猛地冲上去，寒光闪闪的厮杀里，传来一阵阵鬼子兵的惨叫声。敌人被横冲直撞地扫荡着。我青年义勇军和妇女团的同志们像出穴的小老虎一样，猛打猛冲同敌人展开鏖战。

激战到下午 4 时，战斗胜利结束。日寇官兵 360 余人全被歼灭。我青年义勇军和妇女团生俘日寇 28 人，夺获敌人全部轻重武器和皮大

◎东北抗日联军缴获的日军武器

衣、军毛毯、钢盔、弹药、粮食辎重等不计其数。警卫营一个连、青年义勇军、妇女团和第三团、第五团的两个连用缴获日寇军的物资装备了自己。

当晚，我军清扫战场后，就在大盘道村宿营。群众欢天喜地地迎接自己的子弟兵。我军截获拉爬犁的马五百余匹。在群众大会上宣布，反动地主的一律没收，其余农民的遣散回家。第二天黎明以前，我军向大顶子方向转移。

——节选自《战斗在白山黑水》

韩光：东北抗日联军的历史回顾

韩光，1912 年 3 月出生于黑龙江省齐齐哈尔市，1929 年参加爱国学生运动。1931 年 4 月加入中国共产党。1933 年任中共满洲省委特派员，在东北抗日联军第一军、第三军做政治工作，代理第一军政治部主任。东北抗日联军优秀的政治工作领导人之一。1982 年被选为中共中央纪律检查委员会委

员、常委、书记，1985年9月增选为中共中央纪律检查委员会常务书记。2008年9月27日在北京逝世，享年96岁。

◎韩光

1931年至1945年，在中国人民抗日战争时期，东北抗日联军在辽宁、吉林、黑龙江省抗击日本帝国主义侵略，反对伪满洲国统治，独立坚持14年游击战争，写下了中华民族坚决反抗外敌入侵史的伟大一页。在纪念中国人民抗日战争暨世界反法西斯战争胜利60周年之际，我作为东北抗日联军的老战士，更加怀念这段难忘的历史。

东北抗日联军是中国共产党领导的抗日武装

1931年9月18日，驻中国东北沈阳市的日本关东军突然向驻沈阳的东北军发动进攻。在中国共产党的倡导和组织下，中国人民拉开了反抗日本法西斯侵略战争的序幕。9月20日、22日和30日，中共中央连续发表宣言和决议，提出在东北加紧发动群众，开展游击战争，直接给日本帝国主义以沉重的打击。10月12日，中共中央又发出关于建立游击队、开辟游击区的指示。中共满洲省委根据中共中央的指示精神，从1931年10月开始，陆续派出省委、省军委及有关方面的负责人杨林、杨靖宇、赵尚志、赵一曼、童长荣、冯仲云、夏云杰、王德泰等，还有部分朝鲜共产主义者，赴南满、东满和北满等地组织了10余支抗日游击队，开展游击战争。东北各族人民和东北军部分爱国官兵，在中国共产党抗日号召的影响和推动下，纷纷组成救国军、自卫军、大刀会、红枪会等抗日武装，共约50余万人，统称东北抗日义勇军，在东北各地抵抗日军侵略。

为了进一步加强党对抗日游击队的领导，1933 年 1 月 26 日，中共中央指示满洲省委要加强党的领导，克服“左”倾关门主义、建立反日统一战线，扩大游击战争。中共满洲省委据此于 5 月 16 日做出决定，以游击队为基础，组建东北人民革命军。我在这时作为省委特派员到南满杨靖宇同志处工作，参加组建抗日部队。从 1933 年下半年至 1936 年初，相继成立了 7 个军：第一军，杨靖宇任军长兼政治委员；第二军，王德泰任军长，魏拯民任政治委员；第三军，赵尚志任军长，冯仲云任政治部主任；第四军（东北抗日同盟军），李延禄任军长，何忠国任政治部主任；第五军（东北反日联盟军），周保中任军长，胡仁任政治部主任；第六军，夏云杰任军长，李兆麟任政治部主任；第八军，汪亚臣任军长。各军认真贯彻政治建军原则，加强中国共产党的领导，连以上单位建立共产党和共青团的组织，健全政治工作制度，使部队的组织纪律性和战斗力不断提高，成为新型的人民抗日武装。

◎东北抗日联军袖标

1936 年 2 月 20 日，东北的中共组织和东北人民革命军领导人，根据中共中央的抗日救国政策和东北抗日斗争的发展形势，决定将东北人民革命军改称东北抗日联军，东北人民革命军第 1 至第 6 军依次改称东北抗日联军第一至第六军，第八军改称第十军，各军主要领导人未变。另以第四军第二师为基础编成第七军，陈荣久任军长，郑鲁岩任政治部主任，活动在虎林、饶河、抚远地区。同时进一步加强对东北抗日义勇军、山林队的团结教育和领导，陆续编成了第八军，谢文东任军长，刘曙华任政治部主任；第九军，刘华堂任军长，李熙山(许亨植) 任政治部主任；第十一军，祁致中任军长，金正国任政治部主任。第八、第九、第十一军分别活动于勃利、方正、桦川等地。东北抗日联军发展到 11 个军，总人数达 3 万余人。

1936 年 3 月，中共满洲省委撤消，先后成立中共南满、吉东、北满省委。东北抗联亦随之编成 3 个路军，分别归 3 省省委领导。

东北抗日联军经历了艰苦的岁月

面对东北抗日联军的英勇抗争，日本侵略军进行了残酷的镇压和“围剿”。1938 年下半年，日军为巩固中国东北地区这一战略基地，一方面强化殖民统治，采取保甲加连坐法和增建集团部落等手段，隔离抗联与人民群众的联系。同时，加紧军事“讨伐”、政治诱降和经济封锁。此时，日军在东北增至 8 个师，伪军和警察也大量增加，总计日伪军警达 60 余万人。日伪军连续进行“三江大讨伐”、“东南满大讨伐”、“吉林、间岛、通化 3 省联合大讨伐”，企图彻底“歼除”东北抗联。为打破日伪军大规模“讨伐”，东北抗联采取各种措施顽强斗争。政治上，加强党的领导和思想教育，纯洁内部，以提高在艰难条件下坚持斗争的能力。经济上，采取在深山密林中建立后方基地，开办兵工厂、被服厂，建立密营储存必需的物资和粮食等措施。组织上，进行必要的调整，第一路军将部队编为 3 个方面军和 1 个警卫旅。

1939 年，第二路军在吉东地区进行反“讨伐”作战 200 余次，歼灭日伪军 2000 余人，打破了日军的“聚歼”计划。第三路军在黑嫩平原 20 余县战斗数百次，歼灭日伪军数千人，牵制日伪军数万人，有力地支援了苏联军队挫败日军挑起的“诺门坎事件”的作战。

1940 年，中国人民抗日战争进入相持阶段后，中共吉东、北满省委决定将各路军缩编为支队，继续在极端困难情况下进行小部队分散游击战。针对极端艰难的形势，中共吉东、北满、南满省委确定了保存实力，培养干部，坚持斗争的方针。1941 年冬季，抗联部队转至苏联境内组成南、北两个野营，并不断返回东北，开展游击活动。同月南、北野营合编为东北抗联教导旅，周保中任旅长，李兆麟任政治副旅长，崔石泉任参谋长，下属 4 个教导营和 1 个通信营。这一时期进行了系统的军事训练和政治学习。同时还派遣十多个小分队返回东北，在北满、吉东、东满和辽吉边区进行游击活动，侦察敌情，开展群众工作，一直坚持到抗日战争胜利。这些小部队的活动是东北抗联指战员坚持战斗直到最后胜利的一个重要标志。

1945 年 5 月，德国战败。抗联教导旅为协同苏联红军向中国东北进军，加强临战训练并制定配合苏军作战的行动计划。7 月，派出数百名指战员到苏军中进行训练，月底空降到牡丹江、海拉尔、赤峰、长春、满洲里等 18 个地区，执行侦察日军火力点，袭击日伪后方机关和为苏军担任向导等任务。9 月中旬，东北抗联教导旅扩建为东北人民自卫军，周保中任总司令兼政治委员。到 10 月中旬部队发展到 4.8 万人，10 月底，与挺进东北的八路军、新四军合编为东北人民自治军。

抗日联军涌现出一大批民族英雄

在长期的抗战中，东北抗日联军将士不怕牺牲，顽强战斗，涌现出了一大批民族英雄。杨靖宇同志是东北抗联的优秀将领，更是东北抗联英勇牺牲的杰出代表。1940 年 2 月 23 日，他率部顽强抗击日寇进攻，身负重伤，一直战斗到最后一人，为民族流尽了最后一滴血，他的英雄壮举连侵略者都不得不肃然起敬。坚忍不拔的民族英雄赵尚志一心向党、忠于人民，在敌人的监狱中他宁死不屈，在创建党的抗日武装中他功勋卓著，面对凶残的日本法西斯他顽强战斗，面对组织的误解他忍辱负重，三次被开除党籍仍然坚持共产主义信念，坚持率领部队打击日寇，直到血洒疆场。女中豪杰赵一曼，在战斗中多处负伤不幸被捕，敌人趁她伤势严重，严刑逼供，面对凶残的敌人，她坚贞不屈，严词痛斥，直到英勇就义，表现了共产党人的铮铮铁骨和浩然正气。“八女投江”的事迹更显示了抗联战士视死如归的英雄气节。正是无数像他们一样的抗联指战员，在东北坚持抗战达 14 年之久，以生命和鲜血写下了悲壮的一页，直到迎来胜利的曙光。

伟大的抗日战争中，东北抗日联军的生存环境最艰苦、抗战斗争最残酷。广大抗联战士在极端艰难的岁月里，以顽强抗争的精神，战

◎东北抗日联军纪念馆

斗数万次，牵制、消灭了大量日本关东军和伪满军警。东北抗日联军的战斗事迹，在人民群众中广为传颂，极大地振奋了民族精神，推动了全国抗日救亡运动，有力地支援和配合了其他抗日战场的作战，为中国抗日战争的胜利做出了重要贡献。

——摘自《人民日报》

卢连峰：西征日伪军

卢连峰，1922 年 9 月 26 日出生于黑龙江省富锦县。1937 年 2 月，加入东北抗联。1945 年 8 月，担任苏联红军通河县警备司令部副司令员。

1937 年 2 月我参加东北抗联，当时只有 15 岁，在抗联第十一军四团给团长隋德胜同志当警卫员。十一军军长是祁致中，军下辖独立师、二旅和四团三个建制。

当时，东北抗日联军整编成 3 个路军。第一路军由杨靖宇同志任总指挥，活动于辽宁东部、吉林南部的广大地区内；第二路军由周保中同志任总指挥，活动于辽宁东北、吉林东部广大地区；第三路军先是由赵尚志同志负责，后来就由李兆麟同志任总指挥（即张寿篯，大家都叫他张指挥）。当时我们三路军第十一军的活动范围，主要是在黑龙江省的富锦、桦川、依兰、刁翎一带。那时，抗联在北满哈尔滨以北只有一个六军，夏云杰同志为军长，主要在小兴安岭一带活动。1938 年后，日寇加紧了对抗联的“讨伐”，在三江一带部署重兵，企图把吉东、北满的抗联部队，压缩在他们的包围圈中，一举歼灭。为了粉碎敌人的阴谋，抗联决定分出一部分主力转移到哈尔滨以北，在那里同六军一起，继续发动群众，坚持斗争，牵制东北日军，配合全国

的其他战场。为此，我们十一军接受了向北满绥化一带转移的西征任务。

1938 年阴历 9 月，三路军的一些领导同志在长白山一个叫七星砬子的地方开会研究西征问题，在那里我第一次见到了李兆麟同志。他中等身材，看样子约有 40 多岁，记得当时李兆麟同志看我很小，就跟我开玩笑说："你还没有马枪高就参加抗联啊，能行吗？还是回家去吧。"我吓得哭了起来，团长隋德胜在旁边哄我说："张指挥是跟你闹着玩的。"说话时，其他几位领导同志也来了，于是他们就商量事情去了。

为了西征，事先作了三项准备工作。一是思想动员。干部战士绝大多数都是本地人，家乡观念较重，部队要开到远离家乡一千多里的地方去活动，首先要打通大家的思想。二是备齐御寒物资。西征要在人迹罕至的林海雪原里长途跋涉，没有棉衣、棉帽、棉乌拉（棉鞋）

◎东北抗日联军第三军领导合影。前排左二为李兆麟同志

不行。因此，我们通过地下人员抓紧购买和筹集了一批过冬物资。三是集结部队。把分散在各处活动的游击分队隐蔽地集中到出发地。

阴历 9 月底，我十一军 1000 多名官兵全部集结在松花江北江通一带，准备渡江西征。这时正是深秋季节，江水清寒。早晨，江岸两侧的洼地里，已经铺上了一层白霜，先头部队把搞到的几条船两条两条地并在一起，就开始渡江了。先是独立师过，接着是二旅过，我们四团担任警戒和掩护，最后过。第一天很顺利，独立师和二旅全部过了江。第二天一早，天刚蒙蒙亮，我们四团的 200 多人便开始过江，第一批先把马匹、辎重和 50 多名同志运了过去。我们其余的 150 多人，分乘在两条对子船上，第二批过江。船在清澈的江面上平缓地移动，快到江心的时候，突然发现日寇的四艘炮艇分别从上水和下水向我们包围过来，情况十分紧急，渡到对岸或折回原岸都已经来不及了，刚好江心有一个小岛，于是隋团长果断地命令我们把船向小岛驶去。小岛约有一里方圆，长满了一人多高密不透风的柳树丛，凭着柳树丛的掩护，我们同炮艇上的鬼子接了火，敌人用小炮和轻、重机枪向岛上猛扫，把一片片的柳树丛齐刷刷地“剪”去一截。我们不理睬敌人的火力攻击，专等敌人的炮艇靠近小岛时，再集中火力和手榴弹狠揍他们，使他们无法登陆。就这样，我们和敌人整整对峙了三天三夜，大家粒米未进，战斗进行得非常艰苦。敌人虽然不上岛，但我们也失去了船，突不出去。正在这十分危急的关头，军里又搞了几条船，并把仅有的一门小迫击炮架到船上，每条船又配备了几挺机枪，趁着漆黑的夜色，悄悄地把我们接上了船。但是，在上船时敌人发觉了，机枪和小炮疯狂地向我们扫来，于是我们的机枪和迫击炮也一齐开火，同时岸上我军也组织火力予以支援，终于把我们抢救了出来。在这次战斗中，我们团伤亡了 4 个同志。

过江后，为了摆脱敌人的追击，我们草草吃过了饭，就又疾步转移，整整走了一天多，才在小兴安岭东南角的一个名叫老等山的地方停下来。独立师、二旅和李兆麟同志直接领导的干部教导队等已经到达这里。李兆麟、冯仲云、金策、于天放等同志决定部队在这里休整几天，筹备粮草。这时，我被调到二旅，给高旅长当警卫员。

休整以后，部队出发了，那天正赶上入冬以来的第一场雪，我们冒着纷纷扬扬的雪花，拉着驮着粮草的马匹，排成一列纵队，在两个交通员的引导下，迈着坚定的步伐，走在逶迤的深山小路上，开始了艰苦的西征路程。

从富锦县的老等山到绥化一带，取捷径并没有多远，但是，那样走，要通过日寇的重重封锁，那无疑是同装备精良的日本关东军死打硬拼，其结果势必断送全军，因此，我们只能在小兴安岭的原始森林里绕道曲折而行，先北上，然后再折向西南，这样路程就远多了，路也就难走多了。

开始几天，雪不大，每天还可以走五六十里路。后来，大雪封山，雪深过膝，走路相当吃力，每天不过走上三四十里路就不错了。在这无边无际，抬头不见蓝天，到处都是白雪皑皑一片莽莽林海里，我们抗联战士冒着山风和零下40多度的严寒，为中华民族和中国人民的解放，一步一步地顽强地向前挺进。晚上，我们就在冰天雪地里宿营，4个人一组，四边用雪堆起挡风墙，中间架起一堆篝火——好在原始森林里有的是木柴，我们就围着篝火和衣就寝，执勤的同志负责给火添柴。一天行军，十分疲劳，大家一倒下就呼呼睡着了。有时火星溅到身上，烧焦了棉衣、棉乌拉都不知道，直到感到发烫才能发觉。因此，不少同志的棉衣、棉乌拉都烧坏了，在小兴安岭的大森林里，根本无处补充衣物，有些同志因此冻伤了脚。

走了约半个月后，部队的粮食已经不多了，为了节约干粮，每次饭前，同志们都分头去找野菜、采橡子、摘冻蘑菇、刮榆树皮，然后在这些东西里加点玉米面，用水煮着吃。就在这极端艰苦的情况下，大家仍然非常乐观，每到宿营地，总要几十个人凑在一块，围着火堆

◎抗日联军密营地

又唱又跳地闹一阵子。当时，部队里有能歌善舞的朝鲜族同志，还有一些女同志，他（她）们经常为大家表演一些小节目。有时李兆麟、冯仲云等领导同志也和大家一起联欢。李兆麟同志会编歌，也会唱歌，记得一次他给大家用东北小调唱了两支歌：一支是“九一八事变哪，民国二十年……”还有一支是：“朔风怒吼，大雪飞扬。征马踟蹰，冷气侵人夜难眠。火烤胸前暖，风吹背后寒。壮士们，精诚奋发横扫嫩江原。伟志兮!何能消减。全民族，各阶级，团结起，夺回我河山。”坚定、洪亮的歌声，给大家以很大的鼓舞。

这样穿山越岭，约摸又走了 10 天左右，部队来到了汤原县的汤旺河附近。这一带日本鬼子建有几个木营（就是伐木林场），我们决定搞掉它一个，补充些粮食和棉衣。为此，部队在汤旺河休息了一天，第二天清早，四团长隋德胜就带领 300 多名身强力壮的同志，临时编成了三个小队，出发去摸鬼子的一个叫老钱柜的木营。战斗进行得很顺利，没放几枪就把执勤的伪军缴了械，搞到了一些粮食和棉衣，还赶回来不少黄牛。隋团长他们赶回来后，部队就立即转移了。为了消灭足迹，我们专门派了十几个人在队伍后面，掩埋了几里路雪地上的脚印。这一天，从上午一直走到黄昏，中间一刻也没休息，在没膝深的雪地里，足足奔走了六七十里路。

一个多月以后，我们来到了离伊春一百来里路的大山里。伊春是个大林区，我们决定在这里再想法补充一些给养，然后找机会休整一下。在一个名叫乌拉嘎河的小地方，我们打了一仗，袭击了一个敌人据点，消灭了几十个日、伪军，还活捉了一名鬼子小队长，并弄到了一些粮食。但是，我们的行踪也被敌人发现了。敌人派出了一批鬼子兵和伪军紧紧地跟在我们后面。为了甩掉敌人，隐蔽西征意图，我们就在伊春附近的大山里和敌人周旋，整天拖着他们在林海雪原里转圈子，白天拉着他们不停地走，晚上就派游击小组去扰乱他，弄得敌人寝食不宁，疲惫不堪。就这样，我们同敌人“蘑菇”了一个多月，终于把敌人拖垮了，不得不撤离回山。于是，我们才又向着既定的目标继续前进。

虽然摆脱了尾追的敌人，但部队的行动却越来越困难了。一是大家实在太疲劳了，两个多月来，每天在雪地里不停地跋涉，几乎没有像样地休息几天，因此，脚步越来越沉重；二是部队吃的越来越困难，野菜、蘑菇、橡子、榆树皮已经成为主食，马也杀光了，几天也难得吃上一顿粮食，有的班排甚至把不能再穿的破牛皮乌拉都煮着吃了；三是许多同志都冻伤了。不少同志的乌拉已经破得不能再穿，只好用一块生牛皮或割下一片棉衣裹在脚上当鞋子用，由于长时间在山地里行军，棉衣早就到处开花了，已经不能御寒，行军时只要稍一停下来，就冻得发抖，特别是冻伤脚的同志，走路就更为困难。在这极其艰难的情况下，大家互相关心，互相爱护，身体好的帮身体差的扛枪，脚冻伤的走路吃力，大家就轮番搀扶着他们前进。那时我的脚也冻坏了，脚后跟肿得老高，整天流脓水，同志们就扶我走一段，背我走一段，硬是坚持了 20 多天，直到西征结束。

到了阴历腊月 20 前后，我们终于走到了绥化地区，在一个名叫王八拉对趟子的地方驻下休整了。几天以后，我们和六军会师了。那时，夏云杰同志去苏联，六军已由王明贵同志负责。六军的同志给我们送来了粮食、棉衣和药品。两个军的同志一起高高兴兴地度过了春节，大年初一还按照东北人的习惯，包上了饺子。至此，从阴历九月下旬到腊月底历时3多月的西征，胜利结束了。

西征结束后，部队经过一段时期休整，又生龙活虎地投入了新的战斗，在哈尔滨以北的广大地区，发动群众，英勇斗争，给了敌人以很大的打击。

——节选自《革命回忆录（7）》

徐云卿：艰苦的抗联战斗

徐云卿，女，满族。1917年生于奉天省西安县。1936年参加东北抗日武装游击队，被编入抗联五军妇女团。1937年加入了中国共产党。1948年，徐云卿转入地方工作。1960年4月，出版了《英雄的姐妹》。1984年3月25日，徐云卿因病逝世，终年67岁。

旧历正月十五，本来是个月亮圆的日子。可1940年的正月十五，月亮躲在阴云背后，四处灰蒙蒙的。我随着二十几个人组成的分队，借着灰暗天气的掩护，来到小漠河。我们要从这里接着早已侦察好的路线，到距这有百十多里的独木河去，和在那里的部队会合，一起进行那一地区的抗日游击斗争。我是随分队一起去那儿医治受伤有病的战士。

我们穿着缴获鬼子的黄呢子衣裳，每人身上都背着五六十斤的大背包。背包里面有粮食、罐头、衣服，这些东西是带给在独木河一带坚持斗争的同志们的。我的身上除了背包而外，还背着一个装满药品

◎徐云卿，女，满族。1917年生于奉天省西安县（今吉林省辽源市）。

的大背包。

路上的雪很大，有的地方没腰深。我们爬山越岭的，一个跟着一个的往前走。路上谁也不吱声，都在想着自己的心事。我恨我走的太慢，不能一下子走到独木河，和在那里的同志们见面。我实在惦记在这一带活动的同志们。在没来之前，我就听说这儿的同志比头年我走时还苦，衣服破的连不成片，经常吃着带皮的粮食，或依靠捕鱼、射猎来充饥，有时还吃一些草根、树皮。常在大风雪里露天宿营，有时，为了防备敌人，连火堆都不能烧。

我正想着，走在我身后的王明忽然撞到我的背包上。我停住脚步，刚过头来问他："小王，是不是累的走不动了？"

"不，不是。"他马上否认了，把背包提了提，显出很有精神的样子又往前走了。

我看了看小王，转念想到在这一带坚持活动的同志们。我想，同志们成天在冰天雪地里打鬼子，穿的衣服、鞋很不好，一定有许多冻伤啦，也许还有一些烧伤。特别是那些小家伙，晚上睡冷了就没命地往火堆旁边凑，要是没人看到给拉出来，就要烧伤了。战斗中一定也有负伤的。他们是多么盼望着有个人能治疗一下啊！想到这，我加快了脚步。可就在这时，一个亮光从我脸上掠过，向西北移动去。

“蹲下!敌人的探照灯。”十六七岁的小同志李泽云喊。可他的话没落，我就听见王效明支队长爽朗的笑声：“走吧，小家伙，没事。下这么大的雪，鬼子能看着啥？还不是待着没事干，拿探照灯给自己壮胆。”

“啊！是鬼子怕我们找不准方向拿探照灯给我们指路呢。”王支队长的警卫员王明调皮的接下来。大伙都笑了。王支队长说：“这场雪下的可真好，把我们的脚印都给盖上了。我们要趁这场大雪，在天亮前赶过小漠河西北的大山。”

大家说了这一阵，我才发觉下雪了。我用于摸了摸头上的雪花，问：“什么时候下的雪？好大呀!”

王支队长听了我的话，问我：“怎么，小徐，你在想什么？雪下了一夜你都不知道?”

“王支队长，我想的挺多。记得前年冬天我们在这一带活动时，同志们的脚都冻了，过年连碗粥都没喝上。我想，现在在这一带坚持斗争的同志们的生活怎么样？他们都有些什么伤？我该怎么给他们治？……我真想他们呀!”

“是呀，小徐，他们正等我们呢。小徐，见到了伤病员，你可要好好露两手啊!”

首长的话，使我忽然觉得脸发烧，不好意思起来。我会啥呢？懂得一点医疗技术，还不是全靠了党的培养。我对王支队长说：“我一定想法把同志们的伤、病，很快地治好。”

停了停，我又对王支队长说：“王支队长，我想，咱们找到他们之后，一定用我们带的面和罐头给他们包顿饺子，好好慰劳慰劳他们。”

“好！对!”王支队长和大家一齐说。

天快亮时，我们正走在一个小山上。我看清了，周围都是重重叠叠的高山，山上长满了望不到边的原始森林。我们又走了一段路，就

◎在南野营整训的部分东北抗日联军指战员摄于1941年。

坐下来休息了。

这一夜，我们踏着大雪走了60多里。走时不觉得怎么样，可一坐下来就觉得连饿带渴，一点劲儿也没有了。我抓了一把雪塞进嘴里，嗓子觉得好受些了。这时，我多想吃几口炒面呀!可是，我一想到那些坚持在这一带斗争的同志们，就不想吃了。他们也许几天、几十天没吃到一口粮食啦。我们现在还不算太饿，应该省着点炒面，留给他们吃。我想着想着，又往口里紧塞几口雪。

为了快点找到部队，我们休息了一会就又赶路了。下午，我们要横过一条公路。这公路两边没人家，离公路最近的村庄也有七八里。天快黑时，雪停了，我们也到了公路旁。这时，远处忽然传来了狗咬声。这就怪了，附近连户人家都没有，怎么会有狗咬声呢？我们按首长的命令，停止前进。

队伍里派赵小队长去侦察。王支队长和他的警卫员王明也到前头了解情况去了。一会儿，王支队长和王明回来了。我一下就看到王明的鞋像糖葫芦似的，让冰给包圆了。

我急忙跑过去问他："你怎么把脚弄成这个样子?"

"掉进暖水泉里了。"他满不在意地说。

"现在觉得怎么样？疼不疼？"我一边问，一边蹲下来，把他鞋上的冰敲掉。

“不要紧呀！”他说着走开了。

我真怕把他的脚冻坏了，可是我干着急没办法。情况不允许笼堆火烤烤，又没有多余的棉靴换一换。于是，我赶着王明，劝他跑跑跳跳，暖和暖和。

又过了一会，出去侦察的赵小队长也回来了。原来是住在独木河的鬼子又在这儿开了一个木场，干活的有二三百人，都是从各地抓来的老百姓。另外，还有三十几个伪满警察看守这个木场。

我们真想把这帮警察收拾了，可首长分析了情况后，说：“还是找我们的部队要紧呀!”我们绕过了伐木场，后半夜才到了宿营地。到了那，除了担任警戒的战士而外，大部分同志都砍柴去了。我赶紧找了些木柴点着火，把王明喊来。可这个小家伙到了我跟前却问：“徐同志，你找我干什么？是要我帮你弄些柴火吗?”

我一听，来气了：“谁要你帮我弄柴火？你连自己脚掉进水泉子里去都忘了。你脚冻了没有?”

他一听，不在意的笑着说：“不要紧，刚掉进去时有点凉，以后有点疼，后来跳了一会儿，就好些了。不知咋的，现在脚有点不好使。”

听他这样一说，我有点急了，一下子就把他按在火堆旁的树条子堆上，对他说：“快解开棉靴!”我回过身子就去拿挂在树上的药包子。这时，我听他说：“怎么弄的，棉靴解不开了。”等我摘下药包子回过头来，看到他把脚伸到火堆上烤呢。我一把将他的脚从火堆上拉回来。我一边问他：“哪个告诉你用火烤?”一边就从药包子中拿出剪刀来给他剪棉靴带子。可是，整个棉靴都冻的很硬，带子剪断了，还是脱不下来。我想把棉靴剪坏，给他脱下来，但又一想：“剪坏了，他穿啥呀！”想来想去，还得硬着给他脱。我怕他疼得受不住，就一边轻轻的脱，一边对他说：“小王呀，挺着点，脱下来就好了。”

◎抗联女战士金贞淑（右二）、黄顺姬（右一）、金哲镐（左一）、李英淑（左二）合影

他毫不在意的对我说："徐同志，你来吧，没关系。"他嘴这么说着，可我看到他咬着牙，在冻的通红的脸上流着汗。我真佩服这小家伙的刚强劲。

脱下来棉靴，我看他一只脚后跟冻紫了，另一只脚后跟和脚趾头发白了。看到这样，我放心了，长出了一口气. 对他说："还算好，没发黑。"

我抓起雪就给他搓冻的较重的那只脚，又让他自己搓另外一只。他照着做了。正搓着，赵小队长走过来，关心的问："脚冻的怎么样?"我刚要回答，王明却抢着说："一点关系也没有。"我瞪了他一眼，说："没关系，没关系也得搓下去，一直到发热为止。"

"遵命，医生同志。"他调皮的回答，我们三个人都笑了。

我看小王的脚已没啥大问题，就对赵小队长说："小队长，请你帮忙搓搓，我到别的火堆去看看。"

"好!"赵小队长说着，蹲下给小王搓起脚来。我提着药包子到别的火堆去了。

我到了别的火堆旁，看到有的同志在往外铲雪，有的在用雪堆墙，也有的同志往睡觉的地方垫树枝子。我问大家："同志们，有没有手、脚冻了的?"大伙回答我："没有。就是张喜山的脚有点不大好。"听大家这一说，我赶紧走到张喜山跟前，一看，有几个同志正在围着他给他摆弄脚。我蹲下去，一边问他哪儿坏了，一边帮他脱棉靴。等脱下棉靴来一看，我才明白，怪不得他平常走路就不大得劲，原来是扁平足。这样的脚，走这么长的路怎能不起泡呢？我给他上了药，小心的包扎起来，对他说："这样的脚走路是困难，以后穿棉靴可要好好垫垫。注意点，别让它冻着。"

他看了看我，说："小徐，你去休息吧，别累坏了。我不要紧，明天行军一样走。"我点点头，又给他垫了垫棉靴，就提着药包子到别的火堆去了。

为了防备敌人的袭击．我们打了八九个火堆，火堆之间距离不大，排成锯齿形。不大一会儿，几个火堆我就全走遍了。

等我回到自己的火堆旁，王明的脚已恢复了原来的颜色。我向赵小队长汇报了同志们的情况，赵小队长嘱咐我好好休息，就走了。

我看了看小王的脚，又接着给他搓了几下。他扬起脸来很天真的对我说："徐同志，你说多怪，现在我的脚不觉得冷，却发起烧来，也觉得雪是凉的了。"

我笑着对他说："小傻瓜，一点也不怪。以前你的脚冻得比雪还凉，现在暖过来了，当然知道冷热啦。"说完，我帮他穿上棉靴，嘱咐他以后小心，要是再觉得有啥不好，就来找我。

我两宿没睡觉了，真有些累啊，想躺下好好睡一觉。可寒风刺骨，冻的睡不着。我坐起来烤火，烤前面，后面冷，烤后面，前面又像抱了个大冰块。这可真是："火烤胸前暖，风吹背后寒"啊！烤的稍微暖和点了，我就迷迷糊糊地睡着了。睡一会儿又冻醒了，浑身打颤。我提了提衣服领子，缩了缩脖子，还想睡，可这会儿却睡不着了。我睁开眼睛看着天上的星星，星星眨着眼睛闪着寒光，我越看它，它就越像离我近了。我的耳朵里有许多不可捉摸的声音，风卷林海的呼啸声，一会儿像万马在林中飞奔，一会儿又像小河的轻轻流水声。我起来拨拨火，又到别的火堆拨了拨，回来烤了一阵子，才睡着了。

等王明把我推醒，天已快亮了，我们吃了几口炒面，就出发了。

行军又开始了。首长说，过了前面那个大青石穗子山就能找到部队。我们高兴极了，脚步也快了。我看着东边，盼着太阳快一点出来，好使同志们暖和点，可越盼它，它越不出来。这真是："冬走十里不亮，夏走十里不黑。"

我走在队伍的中间，往前看，同志们出的气像一股股白烟；往后看，同志们的头上、眉毛上都白花花的挂了一层霜，活像白胡子老头了。我真想笑。我问王明："小王，你怎么不把头上的霜打扫一下?"

他看了看我，哈哈大笑起来，旁边的几个同志也笑了。他们一齐说："还说人家呢？你看看自己。"

我伸手往头上一摸，全是霜。大家笑的更有劲了，我也忍不住笑起来。

我们越往山上爬，就越觉得冷，西北风像刀子刮脸似的，旁边的树冻的"嘎叭嘎叭"一个劲的响。山林间到处都是獐鹿野鹿的脚印。

我们上了大青石穗子山后，由于急着找部队，没来得及休息，就按着事先约定好的，奔西北方向下去了。天黑前，我们到达了预定的会合地点。可是，在这里什么也没有找到。我们虽然还不知为什么，可也不觉得十分奇怪。环境艰苦，情况复杂，接头的地点是常常发生变化的。为了防备万一，我们连夜离开了这里，到一个很隐蔽的山沟里宿营了。

——节选自《英雄的姐妹》

刘铁石：抗日到底绝不投降

刘铁石（1904~1992），原名刘显，字惠远。祖籍山东诸城。1924年考入吉林省第五师范学校。1929年任汤原县教育局局长。九一八事变后，当即辞去县教育局长的官职，参加汤原反日同盟会，投身抗日。1934年春，参加汤原反日游击队，任军需官和无线电报员。1935年10月，参加中国共产党。1945年晋升为中尉教官。新中国成立后，历任东北水利总规划处长、东北地质局财务处长、辽宁省、吉林省地质局副局长、吉林省地质局顾问。1992年1月29日病逝。

投笔从戎

日本鬼子侵略了我们的祖国，我们是黄帝的子孙，决不能甘当亡国奴。远至几千年来，近自几十年来，我们中华民族几经外患侵扰，但中国人民是不屈不挠的，他们从来不甘心当亡国奴，他们总是由沉默到爆发，奋起反抗，直至把侵略者驱出国境……想起这些，我浑身充满了力量。九一八事变后，张学良关于日本占领沈阳、辽宁不能行使职权、暂移锦州的通电刚一传到汤原，各个学校的校长便一股脑儿涌到县教育局，他们问我怎么办，要我拿主意。我说："干！""打！"接着，我把各校的校长召集起来，在县教育局开会，商谈如何宣传动员群众起来抗日，并且具体布置了各校的宣传任务。这些校长回去后，又把教师、学生动员起来，哪个学校包哪条街，在哪个区演讲、贴传单等都分配好。不几天，汤原城沉默的局面被打开了。一些青年学生在老师的带领下在激昂慷慨的演讲；高呼着"反满抗日"、"打倒日本鬼子"口号的游行队伍在不断壮大，涌向街头巷尾，反对日本鬼子入

◎九·一八事变后，辽宁全省举行抗日示威

侵的标语到处可见……

国难当头，匹夫有责。我周身的热血在和民众一起沸腾。我的心在和民众一起跳动！我时而被人们围在中间演讲，时而走进那长长的游行队伍，和那些青年、老人、儿童一起振臂高呼“打倒日本帝国主义！”“还我东北！”“还我国土！”的口号。

……

在我全家被关押期间，敌人曾想过许多办法企图把我弄回去，其中一个办法就是引诱劝降。

1935 年夏天的一个中午，我正在教一个战士识字，通讯员来到我面前，说夏军长让我去军部一下。军部里，除了夏军长外，还有两个绅士模样的人。我刚一进屋，他们就站起来，殷勤地向我鞠了个躬：“刘局长，别来无恙！”我一看，原来是汤原县农会韩会长、商务会张会长。他们俩来干什么了？我思忖着坐在夏军长旁边。

“老刘，两位会长顶风冒雨，不辞辛苦地上山来，是特意来看你的呀！”夏军长意味深长地对我说。

“对！对！”两位会长连忙点头称是。

“不过。”夏军长沉吟一下接着说，“他们主要的意思还是请你回去。”听到这里，我蓦地站起来，夏军长深沉地看了我一眼，我只好按捺住怒火，又重重地坐了下来。

夏军长继续对我说：“两位会长刚才说了，只要你能跟他们回去，他们担保你无事。日本人还答应你三个条件：第一，立即全部释放你的家属；第二，归还你家被没收的全部财产；第三，你要当什么官，就给什么官。不然，就把抓去的人全部杀掉!”

听到这里，我的火腾腾往上冒。我想，真是瞎了眼，我刘显是决不当汉奸给鬼子卖命的。一想到因为我抗日，却要使一家十几口人被杀，哥哥、嫂嫂，还有那几个稚嫩的小生命，我的心里不禁十分难过。我联想起前两天大哥从监狱里偷偷捎信给我：“老兄弟，千万别回来，我们死就死吧，你自己干！你若回来，你就完了，千万别上小鬼子的当。”想起了哥哥的叮嘱和他们所忍受的非人折磨，我再也按捺不住心头的怒火，霍地站起来，对两个会长说：“看来你们是来劝降的喽，可我刘显是宁死也不会给鬼子办事的，你们就死了这条心吧！既然二位是我的老相识，为什么不想办法把我家里人保释出来？你们打着白旗去迎接日本鬼子，现在你们又帮助他们玩弄起这套把戏，你们这些贪生怕死的亡国奴!”我转身对夏军长说：“我请求你赶快下令，毙了这两个软骨头。”听我这么一说，张、韩二人吓得面如土色，跪在地上向我求饶。夏军长语气温和地对我说：“老刘，不要急吗？回不回去在你自己，我们不能斩来使呀！”接着他又对两个会长说：“既然这样就请二位回去吧!”

敌人劝降阴谋没有得逞，两个家伙灰溜溜地下山了。

借水充饥的日子

1938年后，日本鬼子实行了“三光”政策，进行了归屯并屯，企图把抗日联军同老百姓隔开，消灭这支抗日武装。日本鬼子把老百姓都赶下了山，把山里的房子统统烧掉。当时我们在山里活动，没有地方住，在摄氏零下四十多度的冬天，我们只好躺在雪地上，铺些树条子，围着火堆睡觉。正像当时歌中所唱的那样：“天大的房子，地大的炕，火是生命，森林是家乡，野菜野兽是食粮。”冬天，冰雪三尺厚，战士们还穿着单衣，篝火在野营生活中是不可缺少的。

冻，是难以忍受的，渴的滋味也是会使人心肝欲裂的。

1939 年秋天，北满省委书记冯仲云同志，让我去苏联伯力学习了半年报务。1940 年夏天，野营党委决定，我在陈雷同志的率领下回东北搞侦察工作，我们化整为零，组成了小股部队。在一次侦察完毕，向上级发电报汇报情况时，我感到非常渴，但又不能停止发报工作找水喝。我对张祥同志说：“我没工夫，你快给我弄点水来，我渴得嗓子都冒烟了！”

张祥转身为我找水去了。我盼也不回来，等也不回来，正当我渴得难以忍受时，他回来了，递给一个水缸子。我端起缸子，连看都没看一眼，就咕嘟咕嘟地喝了两大口，觉得热乎乎的，有点怪味，我问张祥：“这水怎么有味？从哪儿弄来的？”张祥说：草甸子水，可能晒得有点味，将就着喝吧！”于是我把那缸子水都喝了，还是觉得渴。

夜晚行军，黑乎乎的，伸手不见五指，我因没喝足水，渴得要命，可连路都看不清，又上哪找水喝呢？走着走着，忽听脚下有扑哧扑哧的踩水声，我又惊又喜，那心情像是哥伦布发现了新大陆。我赶忙趴在车辙沟上喝了起来，连马粪糊到嘴上都不顾了。

几年后，我才知道，那次张祥同志到处找不到水，在万般无奈的情况下，央求小战士姜乃民给尿了一泡尿，给我来解渴，这真是饥不择食、渴不择水啊！

◎抗日时期的冯仲云

说起饥不择食，这在抗日战争的艰

苦岁月里，是很平常的事情。1938 年以后，我们的粮食极其困难，有时好几个月吃不到一粒粮食。在小兴安岭老白山一带活动时，我就曾有 62 天没吃到粮食。在深山密林里，我们先前还能吃到土豆，后来连土豆秧都吃光了。那时，野菜、野果、树皮、草根是我们经常用来充饥的食物。

1941 年春天，三路军总指挥李兆麟同志带领我们找北满省委，当时敌人封锁很严，粮食十分珍贵，他怕我们一时找不到省委，断了顿，指示我们每人一顿只吃一勺炒面。那些日子，同志们的眼睛都饿蓝了，还有些同志病饿至死。

我刚上队时，不淘米的小米饭、不开膛的鱼我挑剔不吃（为了我吃一顿饭还牺牲了 3 个同志，使我终生悔恨），初进山时连马肉馅包子我都不吃（我在依兰师范念书时，生物老师薛绥宸曾领我们解剖了一匹病马，用几千倍显微镜去看肉纤维，全是粉红色虫子，以后我看到马肉就恶心）。那时，不吃这个，总还有别的东西可吃。可是，到了 1938 年以后，情况就不同了。有一次，我们行军时又饥又渴，一点吃的也没有，正好走到一片树林里，大家坐下来休息，忽然发现树上挂着一张马皮。一个战士惊喜地叫了起来："马皮！马皮！""快煮煮吃！"

原来是我们在两年前走到这里时，因为没吃的，把战马杀吃了，马皮就挂在树上。战士们七手八脚把马皮从树上取下来一看，它已经被虫子蛀得净是筛子眼儿了，皱皱巴巴的，还很硬。当时，我们也顾不得这些，支起了盆子，扔一把盐，煮了起来。煮熟后，每人分了大约有二寸宽、半尺长的一条。有的同志嚼嚼就咽下去了，我和大部分人舍不得一下吃掉，就把那小条马皮沾点盐。放在嘴里反复嚼着，完了多喝点水，借以充饥。最后，连剩下的汤都分着喝光了。在那种情况下，又有何食可择呢?!

天寒地冻的生活

每当我一回忆起艰苦岁月中的饥渴冻饿，百般磨难，我就情不自禁地回想起李兆麟将军的二三事来。1941 年 1 月，李兆麟带领我和陈雷、张祥、姜乃民、金伯文（李兆麟同志的爱人）等 10 余名同志，去北安找北满省委时，当时天气很冷，雪也很深，没有道眼，我们爬山越岭在树林子里钻着，累的够呛。有一天，我们走到北河，天已黑了，实在走不动了，我们要求总指挥住下。当时，我的肚子很饿，衣服也很单薄，又冷又饿，每迈一步都感到很吃力。停下来后，我们找了一些碎树枝铺在雪地上，又点了三四个火堆，大家围着火堆在碎树枝上躺了下来。我比别的同志躺下的早，却怎么也睡不着。我当时穿了一件破日本呢子大衣，一点也不暖和，我就翻来覆去的烤，真是火烤胸前暖，风吹背后寒。折腾乏了，我迷迷糊糊刚睡着，就听有人喊："老刘！快起来!快起来!你的大衣着火了！"我赶忙爬起来，找了半天，却没找着火，一股风吹来，烟顺着脖子冒到前边，原来是后背烤着了！这可把我吓坏了，因我背上还背着两个炸弹。我一边脱大衣，一边问总指挥："你这个站岗的干什么去啦？好玄！要是把手榴弹烤着了，咱们可就都完了！"总指挥边给我扑火，边对我说："火光很亮，我光顾看文件了，漏了岗，我检讨，明天叫金伯文给你补补。"其他同志也都被惊醒了，大家问怎么回事，指挥说："我这个站岗的失职，老刘的大衣给烤着了。今后得规定条纪律，睡觉时把手榴弹拿下来，不许背在身上，免得出事故。"可同志们谁也舍不得把从日本鬼子手里缴来的四十八瓣手榴弹摘下来。

由于日本鬼子冬季围剿，密营里很不安全，金伯文同志带着不到一周岁的孩子，跟总指挥和我们一起去找省委。有一天走到路上，孩子又饿又冷，不停地哭，谁也哄不好，总指挥怕他的哭声引来敌人，暴露目标，很生气，对金伯文同志说："你把他送到树根底下冻死，

◎抗联时期的四块石密营旧址

谁也不准往回抱他。”金伯文同志含着眼泪，不得不把孩子放到树下雪地上。孩子的小手小脚冻得发白了，哭声很快微弱下去。金伯文同志心疼得哭了，大家都知道总指挥的脾气，谁也不敢去抱，怕惹他生气。有的同志对我说：“老刘，你快去把孩子抱回来，别冻坏了。”因我当时是队上唯一的电报员，大家知道，总指挥是会给点面子的。我把孩子抱了回来，孩子已经冻得哭不出声了。后来由于残酷生活的折磨，孩子终于没能活下来。

“青松”和“红枫”

战争是残酷的，然而又是最能锻炼人、考验人的。除了平时的饥渴冻累的考验之大，最大的考验莫过于流血牺牲了。

那还是 1936 年的秋天，对我来说是多么难忘的日子啊！10 月 6 日，夏云杰军长率领我们到离汤原北 30 多里远的石场沟丁大干家去接关系。虽然是深秋季节，山上的橙树却依然葱茏茂密，一簇簇枫树间杂在青橙之间，红得像一团团燃烧跳动的火焰。我骑在马上，望着流云、绿树和红枫组成的秋景，不禁心潮起伏、百感交集。我不由得想起了一年前我在这里入党的情景，无限兴奋地对夏军长说：夏军长，你还记得吧，一年前，就在石场沟，在丁大干房后的青松树下，你介绍我参加了党。那一天，你还摘了几片红枫叶夹在我的笔记本里，说是送给我的贺礼。

夏军长会心地笑了，看了看我，又望了望山景，意味深长地对我说："是啊，你看那青松，即使在严冬，也是那么葱绿，你再看那红枫，经过霜打，才显得更加美丽。我们共产党人就是要像青松和红枫，要永远经得住风霜严寒的考验啊！"

说话之间，我来到了丁大干家。他家的房子是在半山坡上，我们一时没有接上关系，只好几次回到山里隐蔽一阵子，再去丁大干家。这样往返第三次时，日头已经快落山了。我们从山里出来，沿着山间大道，策马向丁大干的房子走去。那天，少年连李连长和另外两个战士做尖兵，夏军长、吴长江副官和我三个人跟在尖兵后头。夏军长的马跑得快，他走在最前边，吴副官第二，我是第三个，我身后是少年连。尖兵过去时，埋伏在道两旁的敌人没有打，待我们三人顺山一上，敌人就开了枪。我眼见夏军长一下子从马身上跌落下来，我也跳下马来，赶紧去抢救夏军长。吴副官把夏军长扶了过来，我让夏军长躺下，他额上滚动着黄豆大的汗珠，脸色灰白。他对我说："老刘，你赶快告诉队伍，往上冲！"

在敌人猛烈的机枪扫射之下，后面的队伍暂时在山道两旁隐蔽起来。夏军长说完，我骑上马往山上冲，去找少年连。刚一上去，我就看见山坡上布满了敌人。这时我一下子明白了：原来是坏人告密。敌人冲着大道，在

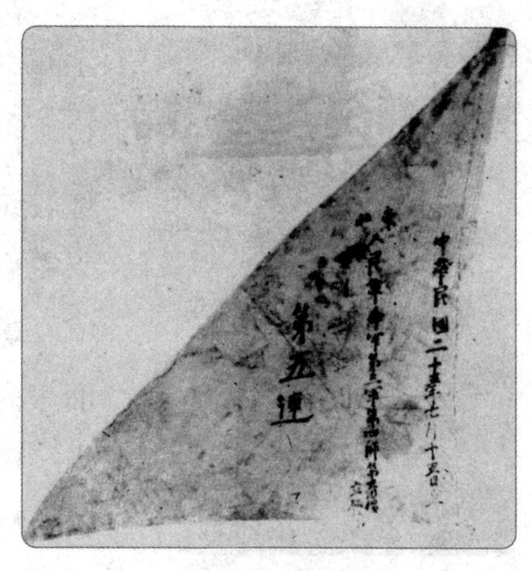

◎抗联第三军第五连军旗

丁大干的房子里往外突突打着机关枪。再往上走几步，敌人冲我开了几枪，都没打着。这时，一个敌人离我很近，一脸大麻子都看得很清楚，他对我开了枪。我举起手枪打他，手枪卡了壳。虽然我们距离很近，但他没打着我，却一枪把我的马腿打折了，他狂喊着："看你往哪儿跑!"他话音刚落，我就从马上掉了下来。我趁势钻进了树丛，甩掉了大麻子，顺着树空儿，迅速向北爬去。这时候，我们的队伍从山后对敌人开了枪。我爬到少年连那儿，见他们正支着两三挺机枪打着，我说："军长负伤了，赶快冲，快给我机枪!"说着，我一把抱过一挺机枪，冲着敌人用左手打了起来。

第二天一早，一些同志去打扫战场时，发现少年连李连长等五六名同志壮烈牺牲了，那时，他们还都是二十几岁的青年人。

我们把夏军长抬到山里，计划着经过二十几天的长途跋涉翻过大青山，把他送到苏联去治疗，可是夏军长却执意不肯，他说："路途太远，又难走，我们没有那个本钱，还是先留在山里治治吧!"

那时，缺医少药，直到夏军长负伤的第九天，才从场原县城辗转弄到了些"七厘散"，仍然是医治无效，10 月 14 日夏云杰军长终于长眠了，为中国人民的解放事业，贡献出宝贵的生命!

石场沟山坡的青松树下，我们悲痛地安葬了夏军长。一片片枫树叶盖满了他的坟头，又飘散到山山岭岭、沟沟壑壑，殷红殷红，像抗日志士赤红的鲜血遍洒在小兴安岭的土地上，斑斑点点。

◎夏云杰军长画像

夏军长为着民族的生存、国土的完整而率先捐躯了。但他的"青松"和"红枫"精神永远铭记在我心上。在那血与火的残酷战争岁月里，在那崎岖坎坷的革命征途上，夏军长英勇、忠贞和坚忍不拔的革命精神，时时激励着我去克服一个又一个困难，闯过一道又一道险关，迎来一个又一个战斗。

在抗日联军的将士之中，我是为数不多的幸存者之一，而绝大部分战友都早已不在人世间了。他们当中有冻死、饿死、病死的，还有在战斗中牺牲的。我今年已是近 80 岁的人了。回想起 40 年前那一段艰苦的历程，深切感到胜利来之不易。抚今追昔，不禁感慨万千，因以诗二首志之：

◎刘铁石(左一)与陶雨峰合影

忆昔抗联展游击，
戎马千峦驱寇夷。
黑山磨我杀敌剑，
汤旺涤尔战时衣。
狼崖弹尽重围破，
虎岭粮绝饥寒逼。
纵使当年红小鬼，
梦中往事犹依稀。
昨日战火昨日风，
遍地狼烟天不明。
烂履踏破千重绿，
碧血染将万点红。

后人有志兴宏业，
前辈岂能任自轻。
五更鸡鸣催人起，
老夫争做四化兵。

——节选自《黑龙江文史资料》（第二辑）

张瑞麟：艰苦的哈尔滨地下斗争

张瑞麟（1911~1999），曾用名张秉文。1933年加入中国共产党，先后任中国工农红军第三十二军南满游击总队中队长、大队长，三岔河地下党支部书记，中共哈尔滨特委组织部部长兼哈尔滨市委书记，抗联第十二支队教导员，“八八独立旅”三营党总支专职副书记，齐齐哈尔市民主同盟主任委员，嫩江省军政干校教育长，黑龙江省军区政治部副主任，齐齐哈尔市委常委、秘书长、市委副书记、市委书记，黑龙江省委统战部长，省委常委、省政协副主席，省人大常委会副主任等职。1985年5月离休，1999年5月病逝于哈尔滨。

◎张瑞麟

不幸负伤

1933年7月上旬，根据组织的决定我到南满游击总队任第一大队长。8月下旬，总队得到情报，驻在集场子镇的伪军要从磐石县城用马车往回运服装、生活用品等军需物资。总队决定由我们第一大队袭击敌人的运输车队。我们预先埋伏在县城到集场子路途中间的哑巴梁子山脚下，敌人车队通过时被我们包围了。我在带着队伍向敌人冲击、缴械过程中，不幸右下颏和左胳膊两处负伤，右下颏骨被炸碎了，不得不离开部队。我被转移到石虎子沟里的一座空庙内。在那里，总队医生徐哲（现为朝鲜劳动党中央政治委员会委员、中央检阅委员会委员长）给我施行手术治疗。当时药品和医疗器材极其缺乏，连手术用的缝合线也没有，得现派人到吉林市去买。等去的人回来，已经过了七八天，伤口化了脓。手术时割去一些烂肉，由别人用手把伤口挤压在一起，好不容易才缝合起来。第二天换药，缝合处又裂开，不得不进行第二次缝合。两次缝合都造成了很大的痛苦。第二次缝合后就再不敢打开绷带了。等伤口愈合后，造成了颏骨错位，左边的上牙不能对下齿，说话受到影响，吃饭也发生了困难。

在治疗期间，南满游击总队司令员杨靖宇等领导同志，还有曹国安都来看过我。杨靖宇同志来看我时，向我介绍了部队的发展、壮大和战斗情况。那时部队已经发展到千余人，根据满洲省委的指示，南满游击队改编为“东北人民革命军独立师”，下设 4 个步兵团、一个迫击炮团。他告诉我：“经总队领导研究，你的职务已经确定了。部队很快就要南下，到蒙江、桓仁、辑安，桦甸等县开辟新的游击区。你如能现在归队较为方便，等部队南下以后再归队就困难了。”那时我下颏的伤还没痊愈，但是我想念部队，想念战友，更想痛痛快快地和日本鬼子打几仗，恨不得立刻长上一双翅膀飞回部队才好。原先担心领导不批准，没敢提出请求。听他这么一说，我非常高兴，马上说：“杨靖宇同志，我现在就和你回部队。”可是徐哲同志却提出了不同意见。他把我手术后下颏骨错位，左边的上下牙齿对不上，到游击队工作吃饭有困难的情况向杨靖宇同志汇报了，当时杨靖宇同志说：“那就和李东光同志（磐石中心县委书记）研究一下再定吧。”这样，我归队的问题就放下了。

直到10月下旬，我的伤口才愈合。这时总队派磐石中心县委书记李东光同志到我住的地方，和我谈话，传达总队领导的意见。他说："考虑你继续留在游击队工作生活上有困难，因此决定将你介绍到满洲省委去，由满洲省委考虑安排你的工作。"他还告诉我一件我意想不到的好消息。他说："最近县委接到满洲省委通知，要我们由南满游击队选派一名模范战士，出席中央在江西苏区瑞金召开的红军模范战士代表会议。总队和县委建议省委派你作为出席这次会议的代表。你到哈尔滨以后，如果误了时间，我们还建议省委派你去莫斯科东方劳动大学学习。"谈完他把县委给满洲省委写的报告信和我到哈尔滨后与省委接关系的信交给我。同时对我到哈尔滨以后住的客栈、填写店簿时用的假名以及接关系的暗号等，都作了详细交待。出发前的夜间，趁着别人熟睡的机会，我仔细地把信缝到棉裤里边。

我和徐哲同志和照顾我的其他同志依依惜别，跟随李东光，离开磐石县石虎子沟步行上路了。我很难过，不愿离开敬爱的领导、亲密的战友，不愿离开我倾注了自己全部力量和感情的队伍。但为着革命的利益，我服从了党的决定。我们在路上走了约两天时间，到达一个小火车站。我又坐上火车，辗转了五六天，才到达哈尔滨。

继续为党服务

我离家打入伪军以来，父亲、哥哥和弟弟东挪西借，凑钱买了盘石磨和毛驴，开了一个小碾磨房，靠卖高粱米挣点钱来维持生活。伪军进驻三岔河以后，用粮大量增加，碾磨房收入增加了，摊子逐渐大了起来。借用别人两家商店中间一个两米左右宽的墙缝，上边用洋铁皮盖起来，建立了"门市部"。我这次回三岔河时，"事业"又有所发展，正式租了一间门市房子，发展成卖油酒米面的小铺子。

全家人对我重返家园都很高兴。他们以为我这几年在外边混的不大好，终于回心转意，再不会走了。父亲和哥哥动员我到铺子里当管账“先生”。我想，我已经是一个共产党员了，怎么能去做剥削人的商人呢？再说，我肩负着省委交给的发展建立党的地下组织的重要任务，如若到小铺子管账，就把自己束缚住了。没有接触群众的机会，也就没法发现积极分子，培养发展党的对象。经我再三推脱，他们才同意我在家参加碾米劳动，另外雇人在小铺子管账。

他们所以同意这样做，实在说也是迫不得已的。自从我离家出走，全家人在艰难困苦中又增加了新的忧虑，时刻都在为我担心。我也确实为家庭增加了不少麻烦。

第一次同曹国安出走时，一切都是背着家里的，不敢向父母要钱，他们也根本不能给。还是我爱人给了我全力支持。她把自己积攒的一点钱全给了我不算，连妇女最为珍爱的结婚时的几件首饰，也让我带走。我开棉花作坊时欠下的外债，也是父兄们给还上了。

烟筒山哗变后，我们把队伍拉走的第二天，我二哥突然去烟筒山镇“烧锅院”找我，还是想劝我回家。不想情况有变，一去就被伪军扣住。伪军起初想以他为突破口，抓嫌疑犯、抓我。但他们很快就发现，从这个农民身上是找不到要找的东西的。于是又换了招，想借此捞一把，要我家拿 200 元“现洋”赎人。二哥只好给父亲写信，假称有急事商量，要他速到烟筒山。父亲来后留下作人质，二哥回去弄钱，如数交上“现洋”，才把我父亲赎回去（到“四一五”事件以后，家庭更进一步受到牵连、迫害，大哥、二哥、四弟无一幸免，全部被逮捕入狱）。

尽管是这样，但他们基本能理解我。我回到家，没有对我过多地责难。在家里人看来，到小铺管账，还是在家闷头劳动，都无关紧要，只要能拢住我不再出走，全家团圆，过个“太平”日子，就算万幸了。但是，我自信自己并不是一只“燕雀”，而有志于做一只“鸿鹄”，有朝一日还要展翅高飞。所以，从踏上故乡土地的那一天起，就时刻在完成着党交给我的神圣任务。

我在同街坊、邻里和亲戚朋友接触中，注意了解一些人的情况，观察他们的表现，有意识地对比较可靠的人反复进行抗日救国教育，介绍全国包括东北抗日游击队伍发展情况，中国共产党领导下的中国工农红军在江西的活动和建立苏维埃政权等情况。一些人的觉悟不断有所提高，不少人愿意和我靠近。经过一段工作，我首先发展了我的堂叔张广臣（雇农）为党的积极分子，后来又介绍他加入中国共产党，成为正式党员。然后我布置他培养贫农殷殿全，我又继续培养贫农赵喜恩、张喜文和弹棉花工人朱少珍。这些人都先后由我介绍入党。当连我在内一共有六个党员时，三岔河第一个地下党支部组成了，我任第一任支部书记。在当时敌伪统治下，建党工作都是秘密进行的。发展党员不能举行入党仪式，也没开过党员大会，都是我和他们个别联系。三岔河党的地下组织，虽然人数不多，但从党员政治历史等情况看，基础是好的。

转眼到了1934年秋天。我考虑地下党的组织已建立起来了，应该和省委联系，汇报情况，听取省委指示。按照离开哈尔滨时规定的通讯地址和方式，给省委密写了第一封信，没有回音。以后一连写了好几封信，既没回音也没有人来同我联系。这使我非常着急（解放后和冯仲云同志见面谈到这件事时，他说那个通信处已遭敌人破坏了）。一直到1935年夏天，还是没有同省委取上联系，实在没办法了，我就到陶赖昭警察分驻所找张竞生。张竞生在一年多以前已经离开这里（后来了解到，他接到我从省委带来的信后，就被调到省委工作了）。副所长尹洪滨接任支部书记。尹洪滨早就从张竞生那里得知我在三岔河搞党的地下工作。我这次去没找到张竞生，和尹洪滨接上头，以后我们建立了党组织的关系。但这次我们双方都没谈组织的情况，我只向他提出，通过陶赖昭支部给我们接上同满洲省委的关系。后来，尹洪滨真的给接上了关系。他把和省委接头的地点、暗号都告诉了我。12月间，我去哈尔滨和省委接关系并汇报工作，顺便把我们支部给省委的汇报材料带上了。

到哈尔滨，我先找到规定的客栈住下。当天晚上在客栈门前右边一个电灯杆子上用粉笔画了一个圆圈。第二天早饭后，有一位60岁左右的老年人来客栈找我，这是省委派来同我接头的人。我跟他一同到外边，他只告诉我他姓桑。我先将陶赖昭支部给省委的信交给他然后口头向他汇报了三岔河地下党支部工作的详细情况。最后我提出，三岔河地下党支部已经建立起来，希望组织考虑把我调来省委另行安排工作。过了三四天，老桑同志又来见我。他转达省委的意见说，省委对我几年来在三岔河的工作，发展的党员，建立的支部都很满意，并有较好的评价。省委同意我要求离开三岔河到哈尔滨另行分配工作的意见。我们俩当即商定，我先回三岔河，安排好支部工作，将在1936年2月中旬返回哈尔滨。接关系的地点和暗号、暗语照旧。他把省委给陶赖昭支部的文件又交给我带转。

就在我回三岔河到陶赖昭送文件那天，突然遭遇了意外的险境。离开哈尔滨前，为了安全，我买了一双鞋，将文件装到鞋盒里边。到陶赖昭下车时，正赶上日本宪兵队在出口搜查下火车的人，搜查的非常仔细，什么地方都翻到了，日本鬼子的打骂声、嚎叫声不绝于耳，气氛很紧张。原来约定，尹洪滨借职务的方便，这几天要经常到车站接我。可是遇到了危险，他偏偏没来。人们排着队不停地往外出，再有四五个人就要轮到搜查我了，尹洪滨还是没有来。在这种情况下，已经想不出逃脱的办法，看来只好冒险碰运气了。正在这千钧一发的危急时刻，只见穿着伪警察制服的尹洪滨从铁道北急匆匆地跑来，边跑边喊："老张，你回来啦?"看到他，就像一块石头落了地，我高兴地顺势答应："回来了，你捎的东西也买来了。"说着我就向他跑去，把鞋盒推给了他。就这样，躲过了宪兵的搜查，脱了险。事后想起来还有些后怕。

回到三岔河后，我和每个党员都谈了话，把我工作调动的决定告诉他们。指定张广臣接替我担任支部书记，由我和他直接进行联系。对以后的工作进行了研究和安排。两个月后，1936 年的 2 月中旬，我扔下磨房的活计，没有敢和父亲，哥哥、弟弟打一声招呼，就在一个晚上悄悄离开了三岔河，奔向哈尔滨，去接受党的新的安排和考验。

重建哈尔滨市委

这次到哈尔滨和老桑同志接上关系以后，他把我介绍给一位姓张的同志，告诉我以后都听张同志的安排。为了活动方便，他叫我由西门脸客栈搬到纯化街仁义巷内一个小客栈去住。

老张向我交待了十来个党员同志的关系，交由我领导。这些人有：党员辛福连、翟清萍、孔福祥、冯策安、朱少珍、艾凤林（女）、常佐臣，刘仁贵，还有兰子源的妹妹。根据他们的不同职业，分别在赶马车工人中、拉洋车工人中、印刷工人中、缝纫工人中、汽车售票员中、“老巴夺”烟厂（现在的哈尔滨卷烟厂）中，发展反日救国会组织。冯策安原是青岛海军航空学校学生，毕业后在航空部队任队长职务。因为敌人发现了他的地下党员身份，于是他离开那里来到哈尔滨，和满洲省委接上组织关系。一时找不到合适的职业，省委决定他在道里“大陆学院”学习日语。

◎老巴夺父子烟草公司旧址

我住在客栈里生活很不方便，夜间还经常有查店的，也很不安全。后来老张让我托熟人找个职业，也好有个安身之处。5 月间，我在街上偶然碰到一个同乡木匠刘永善，他过去在三岔河开过镜子店，当时在道外南十二道街开木工作坊。他问我来哈市做什么，我说托一个朋友给介绍职业，因朋友外出，暂时住在客栈等他回来。长期住客栈花钱太多，也不方便，希望他帮助安置个住处。他同意我到他那去住。经老张同意很快我就搬去了。他的作坊只有一间房子，师徒三人住在一铺小炕上已经很挤了。我不好再往里挤，就在地上临时搭个小铺住下。

6 月间，老张将我介绍给一位姓王的同志，见面时让我称他为“王先生”（后来知道他叫韩守奎）。我和“王先生”接上关系后，就再没同姓张的同志见面。“老王”和我研究工作时说，他和一位姓傅的同志是受中共中央远东局派遣，一同从苏联回国的。远东局已决定撤销满洲省委，建立南满、东满、北满三个临时省委，领导东北抗日联军各部队。同时建立哈尔滨特委，领导东北三省各大城市党的地下组织工作。他担任哈尔滨特委书记，决定我任特委组织部长。他接着说：“现在哈尔滨的地下市委组织已被敌人破坏，需要重新恢复。哈市地下市委由你兼任市委书记，负责筹组新市委。”

接受任务后，市委就我一个人，工作不好开展。我想到了冯策安，他在“大陆学院”第一期毕业后，没找到职业，省委叫他继续在该校参加第二期学习。经与“老王”研究，决定由冯策安任市委宣传部长，翟清萍任市委组织部长。冯策安分工领导哈尔滨工业大学和王兆屯伪军教导队内的地下党支部，还有道外正阳医院等几个党的组织。他在“大陆学院”第二期毕业以后，由学院介绍到日本人开设的人寿保险公司当职员。为了掩护党的地下活动，市委决定让他和女共产党员艾凤林临时建立“家庭”，在一起居住。他们先在道里高士街租了一处苏侨的房子，后来又搬到正阳河，也是住的苏侨的房子。这期间他在正阳河曾经组织过一个口琴社，在口琴社里发展了反日救国会员，并建立了组织，还没等发展党员口琴社就被日本人禁止活动了。

原来哈尔滨市地下党组织被破坏得很严重，许多人被捕被杀，党的组织关系全被打乱，连一个完整支部也没留下。到满洲省委撤销时，哈市所有地下党的组织关系都交由特委书记“老王”掌握。一直到一九三七年“四一五”哈尔滨地下党组织遭到大破坏，“老王”被捕，他也没向我交待东北各大城市党的组织关系。因此，在哈尔滨市委建立初期，我的主要工作还是领导老张交给我的那些党员和群众，继续发展壮大党的组织和反日救国会组织。

过了两个月，“老王”让我和刘永善分开，另找房子单独落户，然后将市委机关设在我家。为了解决我一个人落户口和生活方面的困难，他叫我把爱人接来。我考虑她没有文化，又带两个孩子，如来哈市不但不能工作，还要给组织上增添不少负担。更主要的是她一来，我和三岔河那边的家庭关系就要打通，我所从事的党的地下工作就容易失密。而一旦组织失密，其后果是不堪设想的。“老王”看我不同意把爱人接来，又提出也安排一个党内的女同志和我住在一起。我又考虑，哈尔滨离三岔河很近，万一这件事传到家乡，他们又不了解我这是为了革命工作，肯定会引起家中的怀疑和外界的非议。个人为革命被误解、受委屈倒没有什么，怕的是由此引起麻烦会危及组织和革命事业，因此这个办法我也没有同意。我提出，我姐夫、姐姐由三岔河搬到了景星县（现在的龙江县），当时还没找到职业，他俩迁来哈市同我一起住比较合适。“老王”同意了。

我给他们邮去路费，他们就来了。这时刘永善把他爱人也接来了。我们一同在道外南十一道街路西一个大院内租妥一间半房子，他们两家住南北炕，我住在厨房北面隔壁的一个小屋里。我的户口和我姐夫户口落在一起，改名为张志恒，职业是木匠工人。我姐夫买了一盘小石磨，以卖豆腐浆子为职业，掩护我做地下工作。从那以后，我住的那间小屋就成了和“老王”等人接关系、谈问题的联络点了。

——节选自《黑龙江文史资料》

第六章

东北抗联精神

中国人民在东北抗日战场上英勇无畏、顽强抗争，同残忍的日本侵略者进行长达 14 年艰苦卓绝、气壮山河的英勇的斗争，歼敌 18 万余，牵制敌军 76 万之众，有效地阻止了日本关东军入关。中国共产党领导的东北抗日联军在种种艰苦的条件下，勇敢顽强地阻击日本侵略军。在这场战争中，东北抗日抗联军经受严峻的考验，甚至痛苦、心酸，但他们永远秉承着中华儿女的不屈精神，谱写了一曲可歌可泣、惊天动地的英雄篇章，铸就了光耀千秋、彪炳史册的东北抗联精神。

毛泽东曾经说过："中华民族决不是一群绵羊，而是富于民族自尊心与人类正义心的伟大民族。为了民族自尊心与人类正义，为了中国人一定要生活在自己的土地上，决不让日本法西斯不付出重大代价达到其无法无天的目的。我们的方法就是战争与牺牲，拿战争对抗战争，拿革命的正义对抗野蛮的侵略战。这种精神，我们民族数千年的历史已经证明，现在再来一次伟大的证明。"东北抗日联军在白山黑水间与日本侵略者的 14 年浴血奋战中，百折不挠，前仆后继，以大无畏的革命气概、顽强战斗的姿态，谱写了反抗日本侵略者的气壮山河的英雄史诗，铸就了伟大的东北抗联精神。

东北抗联精神的丰富内涵主要包括：1.忠贞报国、勇赴国难的爱国主义精神；2.勇敢顽强、前仆后继的英勇战斗精神；3.坚贞不屈、勇于献身的不畏牺牲精神；4.不畏艰苦、百折不挠的艰苦奋斗精神；5.休戚与共、团结御侮的国际主义精神。

忠贞报国、勇赴国难的爱国主义精神

爱国主义精神，即在国家、民族遭受危难的关键时刻，为了挽救民族的危亡，维护国家的独立和领土完整，高举爱国主义旗帜，反抗国民党政府不抵抗政策，号召广大民众组成东北抗日武装抗击日本侵略者，投身抗日斗争，同仇敌忾，义无反顾，奋起抗战，勇赴国难，誓死保卫家园的精神。

“国家兴亡、匹夫有责”、“以天下为己任”，是中华民族悠久的古训，是中华民族精神中最宝贵的财富之一。中华民族历来具有爱国主义传统。爱国主义是一种深厚的感情，一种对于自己生长的国土和民族所怀有的深切的依恋之情。这种感情在历史中，经过千百年的凝聚，无数次的激发，最终被整个民族的社会心理所认同，升华为爱国意识，

◎东北人民协助义勇军构筑防御工事

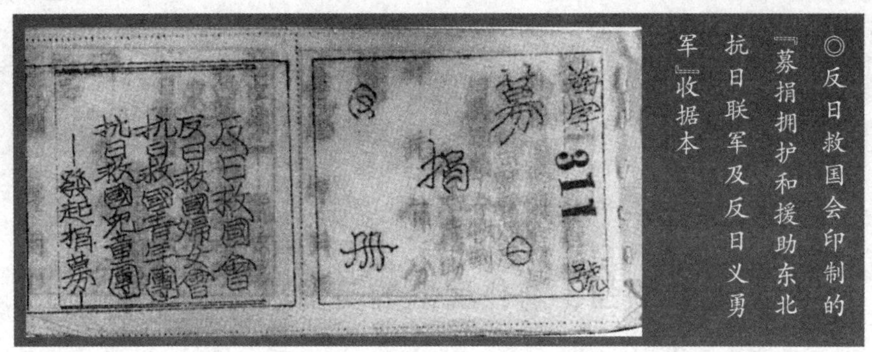

◎反日救国会印制的『募捐拥护和援助东北抗日联军及反日义勇军』收据本

因而它又是一种道德力量，它对国家、民族的生存和发展具有不可估量的作用。为了民族的独立、解放、发展和强大，一代又一代中华儿女前赴后继，进行了不屈不挠的奋斗，留下了无数可歌可泣的爱国主义英雄事迹。在近现代的历史上，当中国遭到帝国主义列强的疯狂侵略，出现了亡国灭种的危机时，中华儿女的爱国主义精神更是越加激发而不可动摇，越发显示出它的战斗锋芒和精神力量。

中华民族的爱国主义虽然经历了几千年沧桑变幻、王朝更迭，但其却一直保持着蓬勃生机的内在推动力，在维护祖国统一和民族团结、抵御外来侵略和推动社会进步中，特别是在反对日本帝国主义侵略的长期斗争中，充分显示了中华民族爱国主义精神的伟大力量。中国共产党高举爱国主义旗帜，揭露日本帝国主义武装侵略东北的滔天罪行和国民党政府的不抵抗政策，号召全国民众组织起来武装抗日，把日本帝国主义驱逐出中国，在全国范围内迅速掀起了声势浩大的抗日爱国浪潮，并凝聚成一股反抗日本侵略、争取民族独立的强大力量。由于东北抗联高举的是爱国主义旗帜，因此，参加武装抗日斗争的不仅有共产党员、共青团员、工农群众、青年学生和小资产阶级知识分子，而且还有放弃掠夺生涯的“绿林好汉”和公然违抗国民党当局“不抵抗”命令的原东北军爱国官兵，更有一些毁家纾难的有产者和弃官不做的上层人物；不仅有汉族人民，而且还有各个少数民族兄弟。他们为国家主权和民族生存，毅然抛弃前嫌，携手共赴抗日战场。东北抗日联军的爱国主义行为促进了中华民族的觉醒，激起了亿万中国人民的满腔爱国激情。

勇敢顽强、前仆后继的英勇战斗精神

面对凶残的敌人和恶劣的条件，东北抗日联军不畏强暴，勇猛杀敌，出生入死，浴血奋战，表现了中国人民坚决抵御外侮的坚定信心和必胜信念。勇敢顽强、前仆后继的英勇战斗精神，是中国共产党人领导的抗日武装不断发展之根本，力量之所在，也是中国共产党人在东北抗日战争时期所创辉煌业绩的集中体现，是东北抗联精神的坚强基石。

在东北抗联的 14 年斗争中，战斗精神无数次地激励抗联将士奋勇杀敌。毛泽东曾这样说："这个军队之所以有力量，是因为所有参加这个军队的人，都具有自觉的纪律；他们不是为着少数人的或狭隘集团的私利，而是为着广大人民群众的利益，为着全民族的利益，而结合，而战斗的。紧紧地和中国人民站在一起，全心全意地为中国人民服务，就是这个军队的唯一的宗旨。"

回顾东北抗联 14 年的斗争历史，那些以少胜多、以弱胜强的战例，无不是以战斗精神为核心的人才群体的能动性起到了决定性的作用。日本法西斯在东北进行了长达 14 年的残酷殖民统治，无论兵员数量，还是武器的先进程度，东北抗联都无法和日本侵略军相比，在敌我力量对比异常悬殊的情况下，东北抗日联军不断遭受日伪军的疯狂"讨伐"，经常陷入极为困难的境地。尤其在 1938 年以后，孤悬敌后的抗日联军，在几十倍于己的强大敌人面前，在自然环境极端恶劣，甚至难于维持最低生存条件的情况下，遭受了重大的损失，但所有这些都没有使他们被吓倒和屈服。他们抱着对抗战胜利的坚定信念，始终高举抗日的旗帜，前仆后继，不屈不挠地坚持与敌人进行浴血奋战，为中华民族解放的神圣事业，为取得中国抗日战争的最后胜利作出了重要贡献。东北抗日联军正是凭着敢于斗争、敢于胜利的精神，战斗到日本侵略者的彻底失败，迎来了世界和平的曙光。

在日军日夜不休的军事围剿、时时刻刻的政治诱降、滴水不漏的经济封锁下，东北抗联的旗帜始终不倒，其精神、毅力已超出了常人的认识范畴。为了中华民族的尊严与独立，抗联的战士们在艰苦的战斗中，付出了巨大的牺牲。

“为有牺牲多壮志，敢教日月换新天”。东北抗联就是这样一支摧不垮、打不烂的钢铁队伍。他们从几十个人的反日游击队发展到数万人的抗日联军，而后又在斗争中减员至不足2000人，始终前仆后继，英勇战斗。1941年后，东北抗联与苏联远东军建立了协同作战关系。他们与苏军并肩作战，最后彻底捣毁了关东军老巢，迎来了东北大地的第一缕阳光。抗联的光辉业绩永在，抗联的战斗精神永存！

坚贞不屈、勇于献身的不畏牺牲精神

为了中华民族不受外族侵略而英勇斗争，广大抗联将士面对牺牲大义凛然、视死如归，甘愿抛头颅、洒热血，体现了把忠于祖国、捍卫主权重于个人生命、为国捐躯而在所不惜的高尚品格。

孔子曰：“志士仁人，无求生以害仁，有杀身以成仁”；孟子曰：“舍生而取义”；司马迁说：“人固有一死，或重于泰山，或轻于鸿毛”。这些说的都是舍生取义的民族气节。为祖国独立和民族解放而视死如归、英勇献身，是中华民族精神中一个主要内容。

面对凶残的敌人和恶劣的条件，东北抗日联军不畏强暴，勇猛杀敌，出生入死，浴血奋战，表现了中国人民坚决抵御外侮的坚定信心和必胜信念。东北抗日联军用自己的头颅和鲜血诠释了舍生取义的伟大民族精神，谱写了永垂青史的中华民族正气歌。在长期的艰苦斗争中，在敌我力量极其悬殊的条件下，东北抗日联军能够克服种种艰难险阻，坚持斗争到最后，直至获得民族的解放，靠的就是这种坚贞不屈、勇于献身的不畏牺牲精神。从中国共产党的历史来看，只要具备这种精神，就没有战胜不了的敌人和困难。因此说这一精神是东北抗日战争时期，中国共产党领导的东北抗日联军，为我们留下的重要精神财富之一。

献身精神在东北抗联将士中，表现为自己的行为和革命斗争生活的自觉性，表现为对所从事事业的深远历史和现实意义，以及对共产主义事业必将最终胜利的坚定信念。

身为东北抗日联军第一路军总司令兼政治委员的杨靖宇，是一位名震中外的抗日英雄。杨靖宇在东北抗战处于艰难时对广大干部战士说："我军处于日寇侵略华北的后方基地，又是内地抗战的前哨和先锋，每一个忠诚的共产党员、共青团员、爱国志士，必须贡献最后一滴血来绊住敌人，打击和消灭敌人，长期苦斗下去，胜利一定属于伟大的中国人民。"他还经常对同志们说："一个忠贞的共产党员、民族革命的战士，为伟大的共产主义理想、为民族革命的战士，头颅不惜抛掉。鲜血可以喷洒，而忠贞不二的意志是不会动摇的。"在最后的生死关头，杨靖宇为党、为人民、为中华民族流尽了最后一淌血。

1940 年 2 月 23 日，孤身奋战五昼夜的杨靖宇在山林中与敌人激战数日、受伤多处，并被敌人包围只剩他一人的情况下，仍毫不畏惧、视死如归，背靠大树、顽强抵抗，最后壮烈牺牲。当凶残的敌人割下他的头颅，又剖开他的腹部时，发现他的胃里除了没消化的树皮、草根和棉絮，竟没有一粒粮食……

1942 年 2 月 12 日，杰出的抗日将领、北满抗联总司令赵尚志在战

斗中身负重伤被俘，仍大义凛然、厉声痛斥日本帝国主义的侵略罪行。赵尚志将军被捕后，由于伤势过重而牺牲，时年 34 岁。他把自己的最后一滴鲜血洒在了东北大地上，洒在了自己的祖国。

抗日女英雄、第三军第二团政治部主任赵一曼在战斗中受伤被俘，日军对她施以酷刑，用钢针刺伤口，用烧红的烙铁烙皮肉，逼其招供。她宁死不屈，严词痛斥日军侵略罪行。1936 年 8 月 2 日在珠河被敌杀害。临刑前，她高唱《红旗歌》，高呼“打倒日本帝国主义”、“中国共产党万岁”，视死如归，从容就义，时年 31 岁。

东北抗日联军第七军军长陈荣久，为粉碎敌人的“讨伐”，率队分兵几路截击敌人。他亲率 150 余人在饶河县活动时，与日伪军三四百人遭遇。在敌众我寡、腹背受敌的情况下，陈荣久奋不顾身，指挥部队英勇战斗，身负重伤。他坚持不下火线，在掩护部队突围战斗中，壮烈牺牲。

东北抗日联军第三路军第三支队政委高禹民，率三支队尖兵班 10 余人途经阿荣旗，与数十倍于己之敌遭遇，高禹民率领战士们奋起迎击，同敌人展开了一场肉搏战。在激烈的战斗中，他英勇顽强，宁死不屈，献出了自己宝贵的生命。

在一次反“讨伐”斗争中，东北抗联第一路军直属独立旅被敌人包围，旅长于万利多次指挥部队突围均未成功，战友们大都战死，鲜血染红雪地。于万利手端机枪向敌人猛烈射击，直到子弹打光。这时他已身负重伤，但宁死不降，为使机枪不落入敌手，他把机枪零件拆卸下来，扔到雪地中，最后自刎牺牲。

东北抗日联军 8 名女官兵，英勇抗击日本侵略军，与日军血战到底而决不屈服，最后集体投江殉国。她们是抗联第五军妇女团的 8 名女战士：冷云(原名郑志民)、胡秀芝、杨贵珍、郭桂琴、黄桂清、李凤善、王惠民、安顺福。在她们投出了最后一颗手榴弹，趁敌人卧倒的机会，毁掉枪支，挽臂涉入了冰冷的乌斯浑河中……写下“八女投江”

的壮丽篇章。8名女战士为中华民族的解放献出了她们年轻的生命，她们中最大的25岁，最小只有13岁。

这不胜枚举的英雄事迹，在中华民族抗战史上留下了革命英雄主义的光辉篇章。他们坚贞不屈、勇于牺牲的献身精神，将永远激励着后人。

不畏艰苦、百折不挠的艰苦奋斗精神

在极端艰难困苦时期，东北抗日联军以当代人类难以生存的条件，进行着人类历史上罕见的反侵略战争。他们坚忍不拔、不屈不挠，与敌人苦斗周旋，始终保持高昂的斗志和乐观精神，表现了抗联将士们誓与日本侵略者血战到底的奋斗精神。

东北地处高寒地带，夏季时间短，冬季时间长，山林险峻，冬季奇寒，冰雪连天，自然环境极为恶劣。而且每年冰冻季节长达半年之久。抗联部队经常冒着零下三四十度的低温行军作战，身无棉衣，脚

◎驰骋在白山黑水间的东北抗日联军（雕像）

着单鞋，露宿山林荒野，爬冰卧雪，铺地盖天，常常被冻得指断肤裂。

老一辈无产阶级革命家彭真曾经说过："我们共产党人领导的革命斗争中，有三件事最艰苦：第一是红军二万五千里长征；第二是红军长征后南方红军的三年游击战争；第三是东北抗日联军的十四年苦斗。"

中共中央对东北抗日联军的艰苦斗争给予了很高的评价。1938 年 11 月，中国共产党扩大的六届六中全会给东北同胞的电文中称赞东北抗日军队是"在冰天雪地与敌周旋 7 年多的不怕困苦艰难奋斗之模范。"

东北抗日联军 14 年抗战的艰难困苦是常人难以想象的。

东北抗日斗争是中国战争史上乃至世界战争史上最为艰苦的篇章。日伪当局为了镇压中国共产党领导的人民反抗力量，消灭人民抗日武装东北抗日联军，每年都要集中大批的兵力和大量的物力财力连续进行"全满扫荡"和"区域讨伐"。敌人为了割断抗联与人民群众的联系，断绝其经济物资来源，采取的一个重要措施，即"兵匪分离"的"集团部落"制，也称"并大屯"。把小的村落和山区的零散住户一律归入大屯，称之为"集团部落"，迫使农民群众离开他们世代居住的家园和耕耘的土地，把原住的房屋烧毁，把住户驱赶到大屯。凡不离开者、老弱病残者，一律予以杀死或烧死。野蛮的"烧光、杀光、抢光"政策，造成"集团之外绝无家屋，食宿之所一律捣毁"的惨境。市场亦不许买卖，否则便以"通匪罪"论处。这样，就完全断绝了抗联的衣食来源。

东北抗日联军在敌人的全面进攻下，在经受了艰难困苦之后，部队到 1939 年下半年已由 4 万人减少到 2000 人左右，他们为抗日战争付出了巨大的牺牲。余下的抗联英雄们经受了火与血的洗礼、生与死的考验，并没有被敌人的气势汹汹所吓倒，他们坚持为完成抗日救国的大业而生命不息，战斗不止，壮志悲歌赴疆场。正像毛泽东对人民军队所赞扬的那样："这个军队具有一往无前的精神，它要压倒一切敌人，而决不被敌人所屈服。不论在任何艰难困苦的场合，只要还有一个人，这个人就要继续战斗下去。"东北抗日联军正是这样一支打不烂摧不垮的队伍，一支"一不怕苦，二不怕死"的英雄队伍。他们像一只锁不住的蛟龙，冲破层层阴霾，用战斗去迎接光明的到来。在那段艰难的抗战岁月里，东北抗日联军的英雄们发扬艰苦奋斗的精神，吃草根、嚼树皮，冒风雪，战严寒，"火烤胸前暖，风吹背后寒"，经历了人间罕见的艰难困苦。

休戚与共、团结御侮的国际主义精神

在世界反法西斯战争旗帜下，中、朝、苏人民面对共同敌人日本帝国主义，一致团结，并肩作战，生死相依，抒写了一篇感天动地、气壮山河的团结御侮的英雄篇章。

东北抗日联军的抗日斗争是中国抗日战争的重要组成部分，也是世界反法西斯战争的一个组成部分。由于东北地区的重要战略地位，以抗联为代表的中国人民与朝鲜和苏联人民在国际反法西斯统一战线的旗帜下密切配合，谱写了一曲国际团结、共同御辱的英雄颂歌。

在中国东北抗日战争中，以金日成为代表的朝鲜共产主义者和爱国志士，怀着对日本侵略者的民族仇恨，与中国人民并肩作战，共同抗击了日本侵略者。无论是在反日游击队、东北人民革命军还是东北抗日联军阶段，中、朝两国抗日志士都紧密团结在一起，同甘共苦，荣辱与共，携手打击了日本侵略者，为中、朝两国人民的民族解放事业和世界反法西斯战争的胜利，作出了不可磨灭的贡献。在同日寇的无数次战斗中，许多朝鲜抗日志士献出了宝贵的生命，长眠在中国东北这块黑土地上。

1910年日本占领朝鲜，朝鲜沦为日本的殖民地，大批朝鲜民众不甘忍受日本法西斯的压迫与奴役，流亡到东北。日本侵占中国东北后，伪满洲国建立，东北便成为第二个朝鲜，变成了日本帝国主义的殖民地，中国东北人民和朝鲜人民都深受日本帝国主义的奴役和压迫。这样，东北地区的主要矛盾就由阶级矛盾变为中日之间的民族矛盾，日本侵略者成为中朝人民的共同敌人。驱逐日本侵略者，争取民族独立和自由，便成为中、朝人民共同的斗争目标。在14年艰苦卓绝的斗争中，中、朝人民在中国共产党的领导下，始终团结在一起，战斗在一起，最后驱逐日本侵略者，取得了民族的独立和解放。

在中、朝人民与日本法西斯的英勇斗争的同时，苏联人民对日本侵略者的进攻给予了有力回击。1938年7月和1939年5月，日本制造了"张鼓峰事件"和"诺门汗事件"后，苏联与东北抗日联军更有了一致目的。东北抗联领导人于1939年末、1940年末召开的两次伯力会议都有苏方代表参加，帮助抗联确定斗争策略，体现了共同抗击日本侵略者的一致性。

◎东北抗联战士雕像

在反法西斯战争中，中、朝、苏人民为了反对共同的敌人日本侵略者，密切配合，共同战斗，休戚与共，为国际反法西斯战争建立了丰功伟业。以金日成、崔庸健、金策等为代表的朝鲜共产主义者，在14年的艰苦斗争中，一直与东北人民并肩战斗。他们勇猛顽强，不畏艰险，功勋卓著，付出了极大的牺牲，为抗击日本法西斯作出了重要贡献，用鲜血凝成了中朝两国人民牢不可破的战斗友谊。

在东北抗联斗争进入极端艰苦时期，苏军对东北抗日联军在指导东北抗日斗争、培养抗联干部、提供军事物资等方面也给予了较大支持和帮助。尤其在1940年后，东北抗联与苏军正式建立了互相合作关系后，双方联系更加密切。东北抗联教导旅进入苏境野营休整，得到苏军的支持和援助，进行了严格的、正规的军事整训，并经常派出小部队返回东北进行军事、侦察活动，提供有重大军事价值的情报，为反攻东北做了必要的准备。最后，东北抗联将士与苏军一道反攻东北，直到日本宣布投降，东北获得解放。

在东北抗日战争中，以杨靖宇、赵尚志、魏拯民、周保中、李兆麟、冯仲云、赵一曼等为代表的中国共产党人，为了取得民族的独立和解放，在日本殖民地和极其险恶的斗争环境里，不屈不挠，英勇斗争，抒写了民族抗战史上不屈的英雄篇章，培育了伟大的东北抗联精神。

东北抗联精神和井冈山精神、长征精神、延安精神、西柏坡精神、红岩精神等中国革命精神，都是中国共产党和中华民族宝贵的精神财富，它对当代建设具有中国特色社会主义的伟大实践活动有着强大的精神激励作用。随着时间的推移和条件的变化，与新的历史任务和时代精神相结合，成为建设社会主义和谐社会的精神支柱和力量源泉。

第七章

白山黑水间的红色遗址

14年抗日战争的痕迹留存在东北地区的每一块土地上。东北一座座为抗日英雄建筑的烈士陵园、纪念馆，都向世人讲述着14年的苦难、14年的抗争、14年的血泪。每一个烈士陵园就是一段抗日故事，每一个纪念馆就是一种中华民族精神见证。

假如一个历史阶段没有英雄，或者说缺失对英雄主义的赞颂，那么这段历史将会缺少光彩，如同一杯没有味道的茶水。

东北烈士纪念馆

东北烈士纪念馆位于哈尔滨市南岗区一曼街243号。该馆馆舍是1931年建成的西欧古典主义建筑风格的3层楼房。1932年2月，日本帝国主义侵占哈尔滨后,这座楼又成为伪哈尔滨特别市政筹备所。1933年7月，伪哈尔滨警察厅占用了这座楼房。抗日民族女英雄赵一曼曾在这里遭受酷刑后走上刑场。1946年哈尔滨解放后，为缅怀和纪念在东北抗日战争和解放战争初期牺牲的革命先烈，东北行政委员会决定

将该楼房辟建为东北烈士纪念馆。1948 年 10 月 10 日，东北烈士纪念馆正式开馆，全馆面积为 4280 平方米，陈列展出 245 位烈士的事迹，共陈列文物、历史图片、资料等 1000 余件。东北烈士纪念馆是中国共产党建立的第一个缅怀先烈的纪念馆。目前，馆藏文物 5000 余件，图书、档案、文献、照片共 30000 余件，初步构成了一部史诗般的东北革命文库。

馆内重要藏品有：抗日民族英雄杨靖宇将军穿过的大衫和用过的褥子；赵尚志用过的手枪；李兆麟被国民党特务暗杀时穿的旧呢料裤子；赵一曼用过的大碗及写给儿子的信；全国著名战斗英雄董存瑞舍身炸碉堡后荣获的特级军功章——毛泽东奖章等。

该馆建馆后除接待观众和开展烈士事迹报告活动外，还于 1977 年组建烈士事迹流动展览小分队坚持深入基层，进行爱国主义、革命传统和理想教育，足迹遍及黑龙江全省的地、市、县，还包括全国 16 个省市，宣讲烈士事迹 2700 余场，受教育人数 160 万余人次，受到文化部和黑龙江省政府的嘉奖，荣获“社会主义精神文明先进集体”称号。由于在文化遗产保护事业的改革与发展中作出了突出贡献，2007 年 5 月 24 日，东北烈士纪念馆被国家人事部和国家文物局授予全国文物系统先进集体的光荣称号。

东北抗日联军纪念馆

在东北三省，有不少东北抗日联军纪念馆，其中吉林省通化市的东北抗日联军纪念馆是中国首个东北抗日联军纪念馆。

该馆坐落于杨靖宇烈士陵园旁，纪念馆造型独特、美观大方，为护坡式半地下建筑，与杨靖宇烈士陵园和谐统一、相得益彰，是城市园林与现代化建筑的完美结合。

序厅由巨幅壁画组成，壁画长 50 米，高 4 米，是我国现存最大的一幅水墨画，画面上有 3000 多个来自不同阶层的人物，他们形态各异，表情逼真，生动形象地再现了当时东北的 3000 万同胞，而从远处观看，看到这些人物组成了连绵起伏的群山，形成了气势庞大，坚不可摧的堡垒，表达了东北同胞众志成城、抵御外侵的坚定信念。

展馆以国内一流的展陈水平和现代化展陈手段，通过 900 多件珍贵的图片、文物、图表和精美的绘画、逼真的场景，充分再现了东北抗日联军艰苦卓绝的战斗经历、战斗场面、战斗成果和战斗生活。

◎东北抗日联军纪念馆

◎东北抗日联军纪念馆雕像

展区分为6个部分，分别是：屈辱篇“民族苦难”；义勇篇“还我河山”；众志篇“烽火关东”；喋血篇“配合抗战”；艰苦篇“烈忾英魂”；胜利篇“东北光复”。

杨靖宇烈士陵园

杨靖宇（1905～1940），东北抗日联军创建人和领导人。原名马尚德，字骥生，河南确山人。回族。1927年6月加入中国共产党。东北人民革命军第一军独立师师长兼政委，东北抗日联军第一军军长兼政治委员。

杨靖宇率领东北抗日联军在密林雪原的艰苦环境中与敌寇血战，为全民抗战建立了具有战略意义的功绩。他以草根棉絮充饥战至最后一人的气概，在亿万国人心头树立起不朽的精神丰碑。多少年来，他在中华大地作为民族英雄的楷模广为传扬。

杨靖宇烈士陵园，位于吉林省通化市浑江东岸山冈上，是为了纪念杨靖宇烈士而建。整个陵园在1954年动工，于1957年9月竣工，西长

◎杨靖宇烈士陵园

200 米，南北宽 100 米。园内共有 5 座建筑物，均为古典式琉璃瓦建筑。正面为灵堂和墓室，两侧的 4 个偏殿是杨靖宇将军生平业绩展厅。

甬道中央矗立着杨靖宇将军的戎装铜像，花岗岩基座正面镌刻着彭真同志手书：民族英雄杨靖宇将军。上悬朱德所书“人民英雄杨靖宇同志永垂不朽”横匾，基座正面刻有烈士简历。

灵堂里面摆放着 1958 年由毛泽东、朱德、刘少奇、周恩来以及朝鲜民主主义人民共和国领导人金日成、崔庸健等抗联战友送来的花圈，这些花圈已经有 50 多年的历史了。灵堂后面是将军墓室，陵墓内的民族式棺柩中安放着杨靖宇将军的遗首和遗骨，甬道两侧的展厅内展出了杨靖宇将军青少年时期的遗物和他在抗日战争艰苦岁月里的有关文物、文献、照片共 280 余件，全面展示了杨靖宇将军光辉的一生。

东北抗联史实陈列馆

全国抗联史实陈列专题中规模最大、史料最全的东北抗联史实陈列馆在辽宁省本溪满族自治县建成开馆。这是辽宁省范围内第一个东

◎辽宁东北抗联史实陈列馆

北抗日联军题材的纪念馆。

东北抗联史实陈列馆于 2005 年 7 月 29 日正式开工建设，建筑面积 5040 平方米，其中陈列面积 3000 平方米，共分序厅、主展厅、英烈厅三个部分，展厅共有 12 个展室。陈列布展以“林海雪原，抗联英雄”为主题，以东北抗联重要历史事件、历史人物、历史战役为线索，通过大量的史料、照片、图表、文物、实物以及抗联浮雕、场景复原等陈列展示形式，全面、真实、准确、系统地反映了东北抗日联军 14 年的艰苦斗争历史，生动地再现了东北抗联与日本侵略者英勇斗争的历史，反映了抗联将士顽强的斗争精神和百折不挠的民族气节。2005 年 12 月，东北抗联史实陈列馆被团中央正式命名为全国爱国主义教育示范基地。

赵尚志纪念馆

赵尚志（1908～1942），男，汉族，辽宁省朝阳人。1925 年加入中国共产党。同年考入黄埔军校学习。1932 年初，负责中国共产党满洲

◎赵尚志纪念馆

省委军委工作。1934 年 2 月起，历任东北抗日联军司令、东北人民革命军第三军军长等职。1942 年 2 月 12 日，被日军逮捕杀害。赵尚志是东北抗日联军著名将领、抗日民族英雄、忠诚的共产主义战士。

赵尚志纪念馆位于辽宁省朝阳市中山大街，2008 年 10 月 25 日竣工开馆，是为纪念我国著名的抗日民族英雄赵尚志而建。纪念馆高 11 米，正面长 34 米，象征着赵尚志将军 11 岁离开家乡以及 34 年短暂而壮丽的人生，纪念馆的正面像张开的手臂，寓意家乡人民张开怀抱迎接将军魂归故里。整个建筑平面为方正的矩形，俯视整个建筑可以看到平面为一个方正的“尚”字。纪念馆以弘扬尚志精神为主题，以赵尚志的革命战斗经历为主线，通过实物、绘画、图片、场景及现代化科技手段，向人们讲述了赵尚志将军悲壮而又传奇的一生。赵尚志纪念馆是集纪念、馆藏、研究保护、展览以及爱国主义教育为一体的综合性建筑。

纪念馆共有四处声光电系统的运用，分别是运用幻影成像及动漫手段制作的“颠覆日军军列”、场景复原及音效配合的“木炮打宾州”，投资 600 多万元设计制作的集声光电、场景复原为一体的大型半景画

“冰趟子战斗”以及全国最大的幻影成像系统“最后的战斗”。这些高科技手段的运用，生动地再现了当年赵尚志将军浴血奋战的部分重要情景，令观众有身临其境之感。

“八女投江”遗址

“八女投江”殉难地，位于林口刁翎镇内，距林口县城90公里，距鸡讷公路0.5公里、哈同公路80公里。

从刁翎镇出发，驱车向北行驶20公里就到了小关门嘴子峡谷，这里山高林密，河流曲折迂回，地形十分险要，是历代兵家必争之地。在湍急的乌斯浑河东岸的山坡上，矗立着一座丰碑，这就是举世闻名的“八女投江”殉难地遗址纪念碑。

抗日战争时期，以冷云为首的东北抗日联军8名女官兵，在顽强抗击日本侵略军的战斗中投江殉国，表现了中华民族同敌人血战到底的英雄气概，在人民群众中广为传颂。她们是第二路军第五军妇女团的指导员冷云，班长胡秀芝、杨贵珍，战士郭桂琴、黄桂清、王惠民、李凤善和被服厂厂长安顺福。

◎“八女投江”遗址纪念地

参考文献

1.刘伟民著. 一切为了自由和解放：抗联精神. 哈尔滨：黑龙江人民出版社，2009

2.李书源、王明伟. 东北抗战实录. 长春：长春出版社，2011

3.龚惠. 东北抗日联军第四军. 哈尔滨：黑龙江人民出版社，1986

4.朱秀海. 黑的土红的雪. 北京：解放军文艺出版社，2005

5.周保中. 战斗在白山黑水. 沈阳：辽宁人民出版社，1983

6.政协黑龙江省委员会文史资料研究委员会编. 哈尔滨：黑龙江文史资料第 2 辑. 黑龙江人民出版社，1981

7.高树桥. 白山黑水的尊严. 沈阳：辽宁人民出版社，1995

8.邮电部邮电史编辑室. 难忘的战斗岁月——革命战争时期邮电回忆录. 北京：人民邮电出版社，1982

9.中国人民政治协商会议双鸭山市委员会文史资料研究委员会编. 双鸭山文史资料第 6 辑. 1992

10.吉林省民政厅. 吉林革命英烈. 长春：吉林人民出版社，1982

11.朱蕊. 八女投江的故事. 东北网（http://www.dbw.cn/）

12.于济源. 杨靖宇. 长春：吉林人民出版社，1980

13.赵俊清. 赵尚志传. 哈尔滨：黑龙江人民出版社，1990

14.杨美清. 周保中将军. 昆明：云南民族出版社，1998

15.孙继英. 东北抗日联军第一军. 哈尔滨：黑龙江人民出版社，1986

16.中国人民政治协商会议双鸭山市委员会文史资料研究委员会编. 双鸭山文史资料第 4 辑. 1990

17.《东北抗日联军斗争史》编写组. 东北抗日联军斗争史. 北京：

人民出版社，1986

18.刘文新. 东北抗日联军第五军. 哈尔滨：黑龙江人民出版社，1985

19.刘枫. 东北抗日联军第三军. 哈尔滨：黑龙江人民出版社，1986

20.孙琳. 东北抗联纪实：周保中临危不惧机智脱险. 中国共产党新闻网（http://cpc.people.com.cn/）